Le mirouer doz de lame pecher
reffe tref vtile et profitable.

Ce present liure est apelle le mirou
er doz de lame pecheresse.le ql a este
translate a paris de latin en fran
cois et apres la translation veu et
corrige au long de pluseurs clers maistres et
docteurs en theologie.Au commancement du
quel liure le sage en son liure nomme ecclesi
astes considerant la misere et fragilite de ce
monde dit que cest vanite de toutes vanitez ⁊
toutes choses qui sont au mõde sont et doiuet
estre dictes et appellees vanite. Et pour tant
dit mõseigneur sainct gregoze quil nest point
a dieu de plus acceptable sacrifice que lamour
des ames.pour la quelle chose iaÿ voulu faire
et compiler ce present traictie en cueillant et
assemblant en vng:pluseurs ⁊ diuerses ancto
ritees des sainctz docteurs de leglise/affin que
la poure ame pecheresse par la fraude de len
nemi troublee et deuaincue puisse par ces sain
ctes amonicions et auctozitez estre dirigee ⁊
adzessee en la lumiere de iustice et verite moÿ
ennant la grace du saint esperit ainsi que lou
aille perie est reduicte ⁊ amenee a son vraÿ pa
steur.Et a celle fin aussi que la poure ame ca
dressee et de son erreur reuoquee cognoissante
son peril par intrinseque douleur de cõtriction

a.i.

foy conuertiſſe a dieu et face penitance tant
que finablment puiſſe auec tous les ſainctz
la vie eternelle poſſeder. Et côme dit criſoſto/
me puis que ainſi eſt que de iour en iour nous
abuſe et decoit la vanite de toutes ſ vanitez
ceulx et celles qui es delices de ce monde con/
uerſent et ſont adonnez deubſent en leurs ve/
ſtemens en leurs portes et parois de leurs mai
ſons eſcripre et faire paindre et principalemêt
en leurs conſciences celle belle auctorite.

Vanitas. vanitatum et oia vanitas
Affin que ſouuêt et de iour et de nuyt leuſſêt
deuant leurs yeulx et en leurs cueurs la ſentiſ
ſent et pour tant que pluſieurs paintures et
ymaiges de folles plaiſances decepuêt ceulx ꝗ
ſi delectent. il eſt côuenable et ſalutaire en tou
tes compaignies tant en mengant que beuant
ſouuent chanter et reciter ce preſent dicte. Va/
nite de toutes vanitez et toute choſe eſt vanite
Car certain nement ainſi que dit criſoſtome.
toutes choſes ſe paſſent fors lamour et le ſeul
ſeruice de dieu. Et pour cognoiſtre lordre et
maniere de proceder en ce petit liure il eſt aſſa
uoir quil ſera deuiſe en ſept chapitres/ſelon les
ſept iours de la ſepmaine. affin que lame peche
reſſe par peche deturpee et ſoullie puiſſe par
chaſcun chapitre mirouer nouueau trouuer

pour sa face de iour en iour mirer et gsiderer.

De la bilite et misere de lomme. Cha. i.

E prophete ieremye considerant la fra
gilite et misere de la creature humaine
par maniere de lamentation sescrie di
sant en ceste maniere. Helas moy pouure crea
ture pour quoy suis ie nasqui hors du ventre de
ma mere/ pour veoir le labeur et douleur de ce
monde et mes iours consumer en confusion.
Helas si le sainct homme ieremye le quel dieu
auoit sainctifie au ventre sa mere de luy mes
mes dit et profere si piteuses parolles que pour
ray ie dire moy qui suis au ventre de ma me
re engendre et conceu en peche. Et a ce propos
a. ii.

dit mon seigneur sainct bernard. Estudie a
cognoistre toymesmes/car cest chose plus lou
able a toy de bien te cognoistre que ne seroit de
cougnoistre le cours des estoilles/ la force des
herbes les côplexions de tous les hommes les
natures des bestes lascience de toutes choses ter
restres/et q encela côgnoissant tu descogneus
ses toy mesmes .Or considere donc et regar
de toy homme mortel a miserable/q cestoit de
toy deuant ta natiuite et que cest de toy depu
is que tu es nasqui sus terre iusques a leure de
lamort a q ce sera de toy apres ceste vie mor
telle.certainnement tu as este de ton commêce
ment chose vile puante detestable et abomina
ble conceu en ordure et pourreture de chair en
puanteur de concupiscence chaleur a embrase
ment de puante luxure et qui pire est tu es cô
ceu en souillure a macule de peche.etse tu re
gardes et consideres bien de quelle viande tu
es nourri au ventre de ta mere :tu trouueras
que la nourriture a este de sanc infait et men
strueulx le quel cesse en la fême apres quelle
a conceu/ affin que de icelui sanc soit lenfant
nourri quelle a en son ventre conceu .Du
quel sanc dient et recitent plusenrs saiges et
grãs philozophes a aultres clers quil est si vil

deteſtable et ort que par ſon atouchemen̄ſ
les bles en perdent leur germe les arbres en
ſechent et perdent leur fruictz les herbes en
meurent et ſe les chiens en mengoient il deuen
droient enrages ⁊ apſ ta natiuite toy qui a eſte
nourri au ventre de ta mere de ſi vile matere
comme deuant eſt dit tu es liure et baille pleu
rant et blant es calamites miſeres et exil de ce
dolent monde et qui plus griefue choſe eſt a
dire ſubiect a la mort en la quelle vng chaſcū
vray xpiſtien doibt de iour en iour mediter ⁊
penſer. Ꟙegarde doncques en toymeſmes et
conſidere que entre toutes les choſes que dieu a
creez etforme lomme eſt forme de la plus vile
matiere ceſt aſſauoir du limō de la terre/la q̄lle
terre eſt la mains digne de tous les autres ele
mens. Dieu a fait les planectes et eſtoilles de
la nature et participation du feu. Les vens ⁊
les oyſeaux de lair Les poiſſons de leau Les hō
mes et les aultres beſtes de terre or conſidere
les choſes aquatiques tu te trouueras vil. Ꟙe
garde les choſesfaictez de laier tu te trouueras
plus vil. Et quant tu congnoiſtras les aul
tres corps qui du feu ont eſte faictz et pro/
duictz tu te congnoiſtras entre toutes cre//
atures et te reputeras treſ vil et miſerable

et ne vauldras ou pourras te dire semblable
es choses celestes/ tu nauras hardiesse de toy
preferer es choses terriennes.Mais si tu vieulx
a aulcune des creatures toy comparer/compa=
re toy es bestes brutes/et tu te trouueras a el=
les semblable et de condicion pareille.Car ain
si que dit le tressaige salomon/ lomme et les be
stes brutes de terre sont venuz et en terre sem
blablement retourneront. Cognoys doncques
combien noble tu es en ce monde et garde que
la braulte/la louange du peuple/la force et la
chaleur de ta ieunesse.les richesses et les hon=
neurs ne te gardent de cognoistre la vilite de
ta naissance.Et si plusaplain tu desires sauoir
que cest de toy. escoute lestoille des docteurs
sainct augustin disant en ceste maniere.
Helas miserable creature que suis ie. Quest ce
de moy.Certainement ie suis vng sac plain
de fumier et de pourriture.plain de puantise a
de horreur.aueugle.pouure.nu.et subiect a tou
tes miserables necessitez et tribulations igno=
rant mon entree et descognoissant mon yssue
miserable et mortel.du quel les iours se pas=
sent soubdain et legier comme lombre du quel
la vie euanouyst comme la lune.et du quel la
vie est come la verte fueille en larbre q̃ par pe=
tite chaleur du souleil est tantost sechee a de pa

tłł bent abatue et rauie. Je suis terre de misere
filz de ire/vaisseau plain dorgueil engendze p
immundicite et ozdure. viuant en misere e moz
tel et paine angoisse et douleur. Au quel pzo/
pos dit mon seigneur sainct bernard que lom
me nest aultre chose que escume ozde et puan/
te sac plain de pourriture et viande a vers. Et
pour ceste chose te monstrer par experience. re/
garde et considere ce qui sault hozs de ta bou/
che/de ton neez/et des aultres cõduictz de ton
corps. tu diras q̃ iamais en fumier ne fut veu
chose plus vile. De la quelle chose parle sem/
blablement pape Jnnocent disant ainsi. O vi
le indignite de condition humaine. regarde et
considere les herbes et les arbzes ilz pzoduis̃t
de eulx bzanches fleurs et fruitz. et tu pzoduitz
de to̱y lendes et puante vermine. Jlz pzodui/
sent deulx vin/huile/et basme pzecieulx et tu p
duiz deto̱y crache/vzine fiens et pourriture.
Jlz fleurent et odozent doulceur et suauite. et
et tu rens de to̱y abhomination de puanteur et
ne sauro̱ys aultre chose rendze ne produire de
to̱y. Car de tel arbze tel fruit. Et lõme nest aul
tre chose selon la fourme fozs vng arbze reuer
se. du quel les cheueulx sont les racines. le trõc
est la teste et le coul le cot en est la poictrine et
les aisselles les grosses bzanches sont les bzaz

et les iambes et les petites sont les dois et les
arteulx . Et en la verite lomme est comme la
fueille qui du vent est rauie ꝗ lestouble seche
du souleil. Du quei dit iob . Comme nasqui de
la fame viuant par brefue et courte espace de
temps est rempli de moult de mises. lequel vi
ent et croist comme la fleur que soudainemēt
est a batue et fuit et passe comme lombre que
iamais en vnmesmes estat ne demeure. Dont
il est escript au tiers de gen que dieu dit alōme
Remēbre toy que tu es pouldre· et en poudre
retrourneras . Et pour tant dit iob. Sire remē
bre toy que tu mais fait comme boe et en poul
dre me reduiras. Helas poure creature toy qui
ne es que limon et boe te doibs tu enorgueillir
Toy qui nesꝗ pouldre te dois tu esleuer. Toy
qui ne es que cendre te dois tu glorifier/ veu et
considere que tu fus en peche conceu ta natiui
te en peine et trauail/ ta vie en labeur et mise
re/ et a mourir necessairement oblige. helas poꝛ
quoy nourzis tu ta chair de viandes dlicieuses
et la pares et adornes derichesses et precieulx
habis/ quant dedans pou de ioure les vers la de
uoreront en terze/ et tu ne fais conte daozner
ta poure ame de bonnes meurs ꝗ operations la
quelle se atoy ne tient doibt estre presentee a
dieu ꝗ a sesāgres en la gloire des cieulx. Pour

quoy bilipendes tu ton ame et lesses la chair
seigneurier et gouuerner. Congnoys que cest
grant abusion de faire la chãberiere maistres
se ⁊ la maistresse chãberier ⁊ seruiteure. o ame
tu as vng ennemy domestique ton ami aduer
saire qui te rend et retribue le mal pour le biẽ
et soulz espece de bien est ton cruel ennemi . o
chair mauldite et maleureuse toutes les fois q̃
tu quiers te paistre ⁊ nourrir delicieusement tu
dresses et esleues contre toy ton ennemi . Tou
tes les fois que tu te pares ⁊ adornes de diuers
habictz et vestemens precieulx. tu armes con⸗
tre toy ton ennemi et te despouilles de tous
les beaulx et precieulx vestemens celestieulx
o poure pecheur cõsidere et regarde q̃ tu seras
et que tu deuendras apres ceste vie mortelle
Certainnent tu seras charogne puante pour
rie et miserable. viande et pasture de vers · Re
garde les sepulchres ⁊ tõbeaulx de ceulx qui
sont yssus de ceste vie mortelle. et tu ne trou⸗
ueras aultre chose que cendre. vermine horreur
et puanteur. Helas ilz ont este telz que tu es ⁊
tu seras telz comme ilz sont.   Ilz ont este
hommes comme tu es. Ilz ont beu et menge⸗
rie chante ⁊ passe leurs iours es ioaies delices de
ce monde et en vng mouuement sont es en⸗
fers descendus la chair est demouree aux vers

ꝓ la dolente ꝓ poure ame est deputee a estre pi
teusement traictee au feu denfer et tourmentee
iouques au iour du iugemēt apres le quel io²
corps et amez seront en eternelle dānacion en
semble enseueliz Or voion combiē a profite es
pecheurs maleureux la vaine gloire de ce mon
de. Car ceulz qui ont este cōpaignōs es plaisā
ces et delices suyuir sont en pareille peine ensē
ble tormentes q̃ leur a profite leur briefue lie
sce. la puissance du mōde les delices de la chair
et la grande concupiscēce de faulces richesses.
Oy moy ou sont maintenāt leurs ris. ou sont
maintenant leurs liesses ꝓ leurs ieux. leurs vē
tances et arrogances. o quelle douleur intolera
ble destre venuz de si grant liesse a si grande
et amere detresse. et pour si pou de temps de vo
luptez et delices estre cheuz et trebuschez en pai
ne de eternelle duree. Pence doncques pence ꝓ
premedite souuēt en ton cueur que tout ainsi
que il leur est auenu si te peut auenir car tu
es homme. lomme est de terre. la terre du limon
et le limon de terre. et pour tant es tu terre. et
en terre retourneras quant vieudra leure de
la mort la quelle est incertainne et ne scais
quant ne comment ne en quel lieu car la
mort tousiours et en chascun lieu te guette
et actent.   Et pour tant si tu es saige

tu lactendras tousiours et en checun lieu et de
ceulx qui aiment tant les plaisances du mōde
parle psidore en ceste māiere. Treschiers amis
nous dbeuons bien penser combien la felicite
de ce monde est briefue et pou de duree/cōbien
la gloire de ce siecle est petite et .combien la
puissance temporelle est fragille ⁊ caduque or
die present qui dire le pourra ou font les roys/
ou font les princes ou font les imperateurs ou
font les riches et puissantz de ce monde/ilz font
passez ainsi que lombre et comme le dormir
euuanouist/on les quiert et demande et ilz ne
font plus. Mais que dirons no⁹ oultre. les roys
et les princes font mors desquelz plusieurs di
ceulx pensoient longuement biure ⁊ cuidoiēt
estre ainsi comme gens a qui la mort ne peuft
nupre. o maleureux et abusez pecheurs il nest
pas ainsi ordonne car certes bous mourrez et
cōment bng des princes cherrez. Mōseigneur
faint bernard parlant de la condicion de lōme
apres la mort dit quil nest rien plus puant ā
la charōgne būaine ne riens pl⁹ horrible que
lōme mort car celup de ā en la bie les accolle/
mēs ⁊ embrassemēs estoiēt doulx ⁊ plaisās est
en la mort horrible ⁊ au regarder detestable et
po³ tāt dit il. Apres hōe les bers/apres les bers
puāte² ⁊ horre². Que profitēt doncās en ce mō

de richeſſes delices et honneurs.Les richeſſes
ne deliurent point lomme de la mort/les delices ne le deliurent point des vers/ne les hon-
neurs de pourriture . Et de cecy meſmes dit
monſeigneur ſainct iehan criſoſtome combien
a proufite a ceulx q̄ en luxure ⁊ aux boluptez
du corps ſont demourez iucques au derzain. io⁹
de ceſte preſente vie.Regarde en leurs ſepul-
chres ſe tu y̆ trouueras point en ſeignes de vē-
tance ou certains ſignes de luxure ou richeſſes
enquier et regarde ſe tu trouueras nul ſigne de
precieulx beſtemens et riches adoznemens ou
ſont maintenant labondance des foles ;mon-
daines plaiſances.ou ſont leurs grans diners
⁊ leur habondāce de fruiteurs/leurs/ioies/leurs
ſoulas/leurs plaiſances/leur imodere ⁊ effrence
leeſſe ou eſt elle et ou ſont ilz.pour tonte memoire et ſouuenance tu trouueras en leur tō-
beau vermines'et cendzes puantes.recozde toy
doncques que telle eſt la fin de tes plus chiers
et riches amis ia ſoit ce q̄ ilz ayent paſſe leurs
iours en leeſſes et delices de ce mōde.oz pleuſt
il a dieu qne tu penſaſſes de cueur parfait en
labour et continence toutes ces choſes. Mais
les maleureux filz de adā delaiſſent les vraýes
eſtudes et ſalutaires et quierent pluſtoſt et de
mandent les choſes caducques et trāſitoires ⁊

pourtant se tu veulx en ton cueur par meure
deliberation ronger et considerer ta vilite/il te
conuient fuir orgueil et suiuir humilite en co[r]
gnoissant que orgueil est le signe par le quel
le diable diuise separe et cognoist les siens des
aultres.De quoy dit iob.xl v.chapitre le diable
est roy dessus tous les filz dorgueil.Et sainct
gregoire dit que le cruel signe des mauluais
est orgueil/et le signe des bons est humilite et
par ces deux signes sont cogneuz les seruiteurs
de dieu et du diable. Et pourtant dit ysidore
que lame de lorgueilleux est de dieu delaissee
et est faicte habitacle des diables.Au quel pro
pos dit le sage que orgueil est a hair de dieu
et des hommes ainsi quil appert. Car orgueil
iecta et mist hors lucifer du ciel/et adam hors
de paradis/orgueil fist nayer en la mer phara
on et toute son armee/orgueil mist saul hors
de son royaulme/ par orgueil fut transmue
nabugodonosor en beste/par orgueil antio[r]
chus souffrit mort vilaine.   Et par orgueil
eut herodes la percussion de lange.

De peche en general.　　　C·ii.

c　Eluy qui fait ou co[m]met peche est fruiteur
　du diable le quel du g[ou]mencement co[m]mist

peche. Et ainsi quil est escript en la premiere
canonique de sainct iehan au tiers chapitre. pe
che est vng fais pesant le quel le ciel ne soub
tient point ne en la fin la terre ne soubtendra
point mais descendra en enfer auec celuy qui
la commis. Et debuez sauoir ainsi que dit mon
seigneur sainct augustin que toute chose dicte
faicte ou par concupiscence desiree contre la
loy de dieu est peche. Laquelle chose toute cre
ature qui veult et desire son sauluement doibt
en toute diligence fuir et euiter. Et principa/
lement pour trois choses, La premiere est pour
tant que peche souuerainnement desplaist a
dieu. La secoude pour ce que peche sur toutes
choses plaist aux diables Et la tierce chose est
pour tant que peche sur tout nuyst a lôme o
poure pecheur et homme miserable ie tay dit
premierement que tu doibs en souueraine di/
ligence fuir et euiter tout peche pour tant que
cest chose adieu ton createur souuerainement
desplaisant ainsi que tu pourras congnoistre
en considerant et pensant ce que dieu a faict
pour la haine et detestation de peche car dieu
nostre createur pour la desplaisance de peche a
dissipe et mis affin pres que toutes ces cupures
cest assauoir tout le monde par deluge ainsi
quil est escript au vii. de genese • Et doibs

cognoiſtre que dieu na pas ainſi fait comme
les aultres roys et puiſſans princes leſquelz de
ſtruiſſent et degaſtent les terres de leurs enne
mis pour les dommager car dieu a diſſipe et de
gaſte ſa propre terre ſeulement par la deſplai
ſance de peche qui eſtoit entre dedens et outre
plus dieu na pas ſeulement en deſplaiſance pe
che mais auec ce toute choſe lui deſplaiſt q̃ tou
che ou partipe de peche.et ſi doibs cognoiſtre q̃
dieu neſt pas côme les hommes qui ne gectẽt
pas en la mer ne degaſtent leurs potz coupes
ou taſſes dor ou dargent pour le vin corrom/
pu quon aboute dedens quar ilz boutent et gel
tent hors le vinpuant et infait en gardant les
baiſſeaux ſans les perdre.Mais dieu ne fait
pas en ceſte maniere de peche car il ne gecte
pas ne deſpriſe ſeulement peche mais auec ce
gecte et met a perdition les baiſiaux de peche
ceſt aſſauoir les creatures raiſonnables q̃ ſont
les ames creez a ſa ſemblãce et ymage e de ſon
propre et precieux ſanc rachatees.Les quelles
poures ames il gectera en la grande et parfon
de mer denfer.Et pourtant eſt il dit au liure de
ſapience ix.chapitre .Le pecheur et le peche
ſont ſur toutes choſes en la haine de dieu .Car
dieu na ſi bon ami ſoit en ciel ou en terre quil

ne haïſt iuſques ·ala mort ſi trouuoit en luẏ
vng ſeul peche mortel Et pour tant ſe ſaint pi
erre fut mort au peche de la tierce negation nõ
obſtant quil amaſt ieſucriſt plus ardanment
q̃ uul des autres apoſtres/il euſt eſte condanne
par la iuſtice diuine de dieu le tout puiſſant
Secondement il nous eſt bien demontre cõbiẽ
dieu a haẏ peche quant pour les peches du mõ
de ſon ſeul filz pur et innocent a boulu faire
mourir piteuſement. La quelle choſe teſmoiu
gne iſaie en ſon liure au.liiii. chapitre diſant.
Jaẏ liure et baille mon filz amort pour le pe
che du peuple. Car le filz de dieu aĩſi quil eſt
eſcript aù meſme liure de ẏſaie .li. chapitre a
bolu liurer ſon ame a mort pour occire et deſ
ſtruire peche. or cõſidere qui eſt celui en terre q̃
pour la haine de ſon ennemi bouſiſt faire mou
rir ſon ſeul et propre filz. Tiercement ceſte
meſme choſe eſt demõſtree en tant que dieu des
le cõmencement pſecuta peche et le miſt hors
du ciel. & boiant dieu quil eſtoit demeure en ter
re luẏ en propre perſonne boulut du ciel deſcẽ
dre au monde pour en chacer et mettre hors pe
che et au iour du iugement il iettera et encloz
ra peche dedans enfer. pour tãt eſt il dit en mi∥
chee derzenier chapitre. Il iectera au fons dela
mer nos peches car dieu au grãt iour du iuge

ment iectera au parfont de la mer denfer les
pecheurs auec leurs peches. Quartement q̃ dieu
souuerainement hait peche en detestation il a
pert par ceste similitude La bonne mere auroit
amerement la chose en haine pour la quelle et
le bouteroit son enfant en vng feu ardãt et la
mes ne len osteroit. Tout ainsi est il de dieu le
tout puissant/car non obstãt quil ait aime ses
enfans damour si ardãte q̃ pour eulx il ait bou
lu mourir: quant ce viendra an iour du iuge=
ment il les condannera au feu inextigibile de
eternelle dãnaciõ sil trouue en eulx vng seul
peche moztel. et pour tant donc toy poure ame
pecheresse tu as veu et entendu combien dieu
a peche en haine et abomintion. Par quoy se
tu veulx plaire a dieu deuant toute euure tu
doibs fuir et euiter peche et ne luy douner en
toy lieu ne habitation car tu dois sauoir que
la femme seroit moult desloiale qui bouldzoit
coucher eüson lit vng homme le quel pourchaf
seroit la mozt de son mari et par le quel plus=
eurs maulx lui pourroiẽt aduenir. oz est il ai
si q̃ peche est la chose q̃ nostre seigneur iesucrist
vray espoux des ames les atant volu aimez q̃
en recitãt peche pluseurs maulx luy sont adue
nus a finablemẽt la mozt . Et po² tãt treschier

bii.

ami pense a ton sauluement en fulant peche
escoute la monition de dauid le prophete le ql
dit en ceste maniere.o mon dieu tout puissant
dône moÿ cueur ferme pur et net et veuilles
mouuer et renouueler mes êtrailles de ton sait
et sacre esprit.Secondement tu dois souueral
nement et en toute diligêce fuir peche et prin/
cipalement peche mortel pour cause q cest la
chose qui plus plaist au diable et qui plus le
resiouist ainsi que tu pourras cognoistre par
troÿs signes.Le pmier est q le diable ne deman
de nul aultre soulas ne autre baing aultre or
ne aultre argent que les ames .Dont il est es
cript au.xiiii.chapitre de genese que le diable p
lât a dieu luÿ dist en ceste maniere.dône moÿ
les ames de tes creatures et tout le demeurent
pren g atribue a toÿ.Et monsieur saint grego
re dit sur ce pas q le diable ne se iuge ou estie
poit auoir riê fait q lui plaise sil ne naure lame
du mortel.dart de peche.Car il est ainsi comme
loiseau de proÿe ne cerche ou demâde q le cueur
pour la refectiô.aussi le diable de toutes les cho
ses de lôme ne demâde q lame.Le second signe
est q le diable sur tout desire g aime peche po²
sa côtinuelle têtation car en cômetât peche ia
mais ne se lasse ou trauaille po² tât q en perpe
trât peche par lespace de six mille âs et plus ia

mes ne fust fatige ne trauaille mais veult to⁹
iours cercher et enquerir nouuelle maniere de
faire a la creature humaine commectre peche
pour tât est il escript au p̄mier chapitre de iob
que quant dieu demanda au diable dont il ve
noit il resp̄ondit quil auoit circui chemine et en
uironne toute la terre. Cest doncques biē signe
que le diable est tant occupe pour pech̄ esmou
uoir que repos ne peut p̄ēdre. Pour ceste cau
se est dicte lauctorite subsequente prinse au li
ure de iob au tiers chapitre disant en ceste ma
niere. Ceulx qui me deuorent ne dorment poit
Le tiers signe par quoy on peut cognoistre q̄
peche esioutst souuerainement le diable cest
pour tant que iamais de peche ne fut assouy.
Et non obstant quil ait par peche infiniz mi
l'ers de hōmes toutesfoiz il est tousiours affa
me ainsi que le lyon rongeant et querant cho
se la quelle il puisse deuorer. Et nest pas ainsi
q̄ dit sainct pierre seulement affame mais auec
ce a faim de boire. De quoy dit iob Le fleuue est
horrible et le diable ne sen esmerueille poit car
il a fiance que le fleuue de iourdain entre des
dens sa gorge cest a dire dedens enfer. Et le
fleuue que le diable englotist sans soy esmer
ueiller ce sont les pech̄s courans de iour et de

nuyt en la goule denfer lefquelx il defire fou
uerainement tranfglotir et deuozer. Et po¹ cle
rement prouuer que le diable prent en peche
fa delectation nous en auons exeple en la vie
des peres au chapitre des diables coment lung
diceulx entre les aultresfut loue et honoze de
fon prince des diables. et fut par deuant tous
les aultres en vne chaize afcis ⁊ pofe en figne
de victoire pour tant quil auoit faict venir et
amene au peche de foznication vng moyne le
quel par lefpace de xliiii ans il nauoit peu at
traire a peche. Et pour tant pouure ame peche
reffe pleure amerement en tant que tu as refi
iouy encontre toy tes ennemis. Ceft affauoir
les diables toutes les foiz ⁊ tu as peche moztel
lement:Et pour le temps aduenir par pure con
feffion et digne fatiffaction fay efiouyz deffus
toy ton dieu ⁊ tous fes anges car ainfi que dit
fainct luc en fon xv⁶ chapitre.les anges fefiou
yffent es cieulx quant vng pecheur fe guertift
et faict penitance.Tiercemet tu doibs par fou
ueraine eftude fuir ⁊ euiter tout peche/car il te
nuyft et eft gtraire plus que nullle aultre cho
fe.en tant ⁊ par peche fomes feparez de lamo¹
de dieu et fommes faictz fes ennemis.Pour tat
dit le prophete yfaie en fon xix⁶ chapitre. Ilos

iniquitez ont mis diuision entre nous et dieu
et nos pechez ont esloigne sa face de nous.ceſt
a dire de noſtre viſion car il nẏa en paradis ſi
iuſte ne ſi ſainct ſil cõmectoit peche que toſt ne
trebuſchaſt en enfer et qui ne perdiſt lamour
de dieu.Au quel propos dit mõ ſeigneur ſalct
auguſtin.Celuẏ qui cõmect faulte ou peche en
contre ſon vraẏ et treſloial amẏ il eſt et doibt
eſtre repute vituperable.Or doncques il conui
ent cognoiſtre et entẽdze que par pluſ forte rai
ſon celuẏ qui peche ou commect faulte contre
le ſouuerain dieu tout puiſſant et de bõnaire
doibt bien eſtre vitupere et de tous tenu abho
minable.Quartement il eſt aſſauoir que par
peche le pecheur eſt oblige et adiuge au gibet
denfer.Et pour tant que la loẏ diuine ne diſ
fere pas fort de la loẏ humaine/tout ainſi que
les tranſgreſſeurs de la loẏ decretee/ ou ceulx
qui contre la maieſte roẏalle veulent aller
ſont dignes de mort et deſtre penduz corpo/
rellement.par ſemblable coniecture et vraẏe
apparence.   Les pouures miſerables pe/
cheurs qui ont offence.
Non pas ſeulement vng prince temporel mais
celeſtiel.   Doibuent bien eſtre condempnez

a estre penduz en enfer perpetuellemēt. Ainſ
ſi quil eſt eſcript en eſdzas. xiiiie. chapitre. Et
meſmes au decret de darius au quel il dit ainſi
Il doibt eſtre denunce a tous a qui apartient q̃
ceulx qui auront tranſgreſſe les cōmandemēs
deſſus donnez ꝗ eſcriptz quant au peche de cō
miſſion. on doibt prendre le boẏs de leurs pro-
pres edifices ceſt a dire du iardin de leurs pres-
pres conſciences. Car en la conſcience croiſt le
boẏs au quel le pecheur eſt pendu. Et ſont ſes
biens forfaictz ꝗ abſcriptz pour ce quil a offē
ce ꝗ deſpriſe la loẏ de ſon prince. Et ſemblable
ment retournent a la gloire du roẏ celeſte les
pechez des mauuais comme la gloire des bons
Ainſi peulz tu voir que ce que la loẏ humaine faict corporellement. la loẏ diuine le faict
ſpirituellement. Et celle meſmes choſe eſt leue
en eſter ſeptieſme chapitre ou il eſt dit. prenez
aman et le pendez au gibet. Par aman eſt entendu le pecheur le quel le roẏ celeſte cōman
dera eſtre pendu au gibet denfer, ſil le treuue
en peche mortel. Quintement peche deſpouille
lomme en ce monde de tout bien de grace: ꝗ en
lautre de gloire eternelle. Ainſi quil eſt eſcript
au xiiiie chapitre des prouerbes. Peche faict les
hōmes miſerables et pouures. Helas le pechez
doibt bien eſtre dit et appelle pouure quant il

na rien mes a pou luy mefmes par peche mor/
tel.q de franchife eft entre en la feruitute du di
able.Encor doibt le pecheur eftre dit plus pou
ure car il ne peut rien gaigner pour tant que
luy eftat en tel eftat ne peut faire euupures me
ritoires ne a dieu agreables. Et finablement
doibt eftre appelle trefpouure: car on ne luy
peut rien doner pour tant que les biens faictz
pour luy ne luy proufitent point a fon falut
car il ne bit fi non qnant au corps. De quoy
dit boece en fon quart liure de confolation. Lo
me maulnais neft point aultrement dit home
finon homme mort. car lomme par peche eft
fepare de la finguliere lumiere de dieu et eft a
ueugle et offufque.Pour tant eft il efcript ou
fophologe pmier chapitre. Ceulx chemineront
come aueugles qui ont peche contre dieu. Et
le pfalmifte dit. Jlz nont fceu entedze ne boir
la boye de leur falut q po² tant cheminent ilz
en tenebzes. Au quel propos dit fainct ierome
Lame polue dedans par peche. eft depzimee et
abatue en bas affin q̃ elle ne baille ou ait pui
iffance de regarder en hault q doibz fauoir q̃ pe
che eft côe la pourriture qui eft en la pomme
car tout ainf q̃ la putrefaction ofte a la pôme
bale² beaulte couleur q ode².tout aĩfi peche o/
fte a lomme odeur q bonne reuômee/baleur de

gloire/coulez de beaulte et saueur de grace. Po-
tant peche est de droit appelle pourriture. Du
quel parle psage en son xve chapitre en disant
celuy qui faict peche maine vie plus orde que
nest la boe et pourriture de la terre. Et sainct
augustin dit et recite que plus doulx est aulx
hommes sentir et odorer vng chien mort puãt
et pourri que nest a dieu vne ame pecheresse.
Et de ceste matiere parlant sainct augustin en
vng sermon le quel il faisoit par luy fut retraict et mis en voye de saluation vng pouure
pecheur qui present/estoit. or aduise et cõsidere
pouure et miserable pecheur combien te profite auoir plain tes coffres de biens mondains si
ta gscience est vuidee de meurs g de biẽs faictz
Tu vieulx et couuoictes ardanment auoir des
biens et tu ne vieulx pas estre bon. Helas ne
doibs tu pas auoir en toy grant honte et vergo
gne de voir ta maison plaine de biens g tu es
comble et rẽpli de maulx. Or me di qlle chose
cest que tu bouldrois auoir induluaise premie
remẽt tu ne bouldroys poit auoir mauluaise
fame:/mauluais ẽfans mauuais fruiteurs mau
uaise robe ne mauluaise chausse. Et toutesfoiz
toy mauldict g endurci en ton peche tu veulx
biẽ auoir g mener mauldicte vie. Or ie te prie
poz tõ salut q tu naymes pas plus cher ta chaus

se que ta bie.Ceft a dire que tout ainfi q̃ tu ne
bouldzois mauluaife chauffe auoir q̃ neft que
lung des mandzes pazemens de tõ cozps ne be
illes pas mener mauluaife bie car la bõne bie
eft le plus beau parement de lame.Toutes les
chofes q̃ tu bois belles et plaifantes tu les tiens
et reputes cheres mais fi bien tu te brois tu te re
puterois a toy̧ mefmes puãt et bil. Et pences
tu fi les biens de quoy̧ ta maifon eft plaine a
uoient puiffance de parler quilz ne fefcriaffEt
pas contre toy̧ en difãt a haulte boix.Tu no⁹
beulx auoir et poffeder a tõ:petit q̧ bolũte et
no⁹ boulõs auoir bon et loial feigne². Efcoute
cõmẽt ilz fefcrient encõtre toy̧ en inuocãt q̧ fa
dzeffant a dieu. O bzay̧ dieu create² du mõde
tu as,dõne'a ceftuy̧ hõe tant de biẽs q̧ il eft tãt
mauluais. q̃ luy̧ peuent pfiter les grãs biens
quil poffede qñt il na en luy̧ celuy̧ dieu q̃ to^t.
luy̧ dõne.Sextemẽt il eft a noter q̃ par pche
lõme deuiẽt befte q̧ bzuftal.Et pour ce dit boe
ec en fon quart liure de cõfolation.Lõme bon
iufte et loy̧al fa bonte et fa pzodõmie delaiffee
neft plus hõme.mais eft auffi toft q̃l fe adõne
a peche guerti en beftebzute.et le philofophe en
ethiques dit/q̃l neft pas feulement befte mais
pire et plus deteftable que befte. A la quelle
chofe cõcozde dauid le pphete. difant en cefte

maniere.Côme durant le temps quil eſtoit en
bonneur ceſt a dire en grace ῷ le faiſoit a dieu
agreable,na point voulu entendre a ſon ſalut
pour tant eſt il compare aux iumens et beſtes
brutes et folles et eſt faict a eulx ſemblable.
Pour le ſeptieſme et derrain point eſt a noter
que de peche vient et naſquiſt buice diaboliῷ.
Dont il eſt eſcript par mõ ſeigneur ſainct iehã
en ſa premiere canonique au tiers chapitre. Ce
luy qui faict ou cõmect peche eſt du diable ſer
uiteur.Et pour tant toutes choſes ῷſiderees toi
pouure dolent ῷ miſerable pecheur ayes merci
pitie et cõpaſſion de ton ame.et ne veilles deſ
ſus elle mectre ne amener peche/maie te recor
de cõme par peche ῷ p tes maulx tu as dieu of
fence et courrouce.tu as reſiouy ton ennemy
ceſt aſſauoir le diable et dõmaige ton pchain
Or doncques ie te prie toy bõme pouure pecheʳ
cognoye la nobleſſe de ton ame ῷ cõbien grã
des et grieſues ont eſte les playes delle cõmiſes
par peche/pour leſquelles a eſte de neceſſite le
filz de dieu eſtre vulnere. Car certainement ſi
les playes de ton ame neuſſent eſte mortelles
iamais pour leur remede le filz de dieu neuſt
ſouffert mort.Ne veilles pas doncῷs vilipen/
der ne deſpriſer la paſſion de ton ame quãt tu
voyz et cognoye ῷ la treſbaulte maieſte en a

en pitie et compaſſiou. Et ſil eſt ainſi q̃ pour
toy̆ il ayt reſpandu lermes pleurs et laue tou
tes les nuy̆ctz ton lit par lermes d̃ repentãce ⁊
cõtircion. Il a eſpandu ſon ſang pour toy̆ reſ
pand le tiẽ pour luy̆ par aſſidue et quotidiane
pnitãce. Ne regarde pas a ce q̃ la chair veult
mais cõſidere ⁊ pren garde a ce q̃ leſprit ceſt aſ
ſauoir lame requiert et demãde. Car ainſi q̃ dit
ſaint gregoire: de tant plus q̃ la chair en ce mõ
de vit doulcemẽt es delices de ſa plaiſance pour
vne briefue ⁊ trãſitoire eſpace de temps apꝛes
la vie corpozelle leſprit eternellemẽt ſera pl⁹
tozmente. Et de tant plus que la chair eſt en
ce momde chaſtiee: de tant plus elle ſera eſiou
y̆e en la gloire de lautre monde .pour quoy̆
dit monſeigneur ſaint auguſtin Leſſons ⁊ met
tons aꝛiere pour lonneur de ieſucriſt les cho
ſes qui ſont a delaiſſer ⁊ qui empeſchẽt noſtre
ſalut affin que pour les choſes trãſitoires nous
ne perdons pas les eternelles . Et gſidere que
ſil eſtoit ainſi que len te deiſt pren et vſe a ta
volunte des biens et delices de ce monde tout
ainſi quil te plaira par vne telle condicion q̃
puy̆s apres les y̆eulx te ſeront oſtes et pꝛdꝛas
le ſoulas de tout le demourant de ta vie en lã
guiſſãt de fain ⁊ de ſoif en paine et miſere: cev̾
tes iamés tu ne vouldꝛois auoir ne appeter

tel bien temporel. or considere et auise diligen/
tement que tout le cours de ceste vie humaine
nest pas a compter vng mois vng iour ne vne
heure despace de temps au regard et coparaison
de la perpetuelle et mauldicte paine denfer en
la quelle il nya poiut de fin. et a la qnelle nul
le aultre paine est semblable et ne doibt estre
comparee.

Coment lon doibt faire tost penitace. C. iiie.

onseigneur sainct mathieu en son .xiiiie.
chapitre dit que nostre seigneur voulat
amonnester la creature a faire penitance parle
en ceste maniere. Celuy qui ne prent sa croix
et vient apres moy, nest pas de moy digne. Par
ceste croix nous signifie et donne a entendre
penitance la quelle tout peche doibt prandre
et porter perseuerantement sil desire en beatitu
de eternelle regner auec iesucrist.   pour tant
monseigneur sainct ierosme en vne epistole ql
escript a susanna dit ainsi. penitance est au pe
chenr necessaire et doibt estre telle quelle soit
suffisante pour le crime perpetre pacifier en/
uers dieu/ou que pour plus grant merite elle
excede le peche. Et saict augustin dit qconque
beult estre saulue il conuiet et luy est necessai
re de purger et lauer par lermes sa conscience
de toutes les souilleures ⁊ macules dot il a po/

lu et souïllie sõ ame apres la susception du ħt
baptesme. Mais par auenture toẏ adonne et
endurci du tout a complaire au monde diras
en ceste maniere. Le sermon et les parolles q̃lz
me dient et me amonnestent de faire penitãce
me semblent dures car ie ne puis le monde des
priser et ma chair corriger et chastier. Helas po
ure pecheur escoute la doctrine nõ pas de moẏ
mais de monseigneur sainct ierosme disant en
ceste maniere. Il est impossible que lõme puis
se vser et iouẏz des biens de ce present monde
en emplant son ventre ⁊ acomplissant sa pen
cee ⁊ apres les delices de ce monde passer es de
lices de lautre en telle maniere q̃l soit en lũg
et en lautre siecle glozieulx. cest adire es cieulx
et en terre. La quelle sentente conferme sainct
gregoire disant. plusᶻs sont qui couuoitent et
desirent voler de la iustice du present exil de ce
monde en la gloire et ioẏe de paradis mais ilz
ne veulẽt point delesser les delices de ce monde
La grace de nostre ħt iesucrist les appelle mes
la cõcupiscẽce de ce siecle les reuoq̃. Ilz veulẽt
biẽmourir cõme les iustes mais ilz ne veulent
pas viure cõme iustes. Et pour tant ilz piront
et les ensuiurõt leurs cupures en enfer en eter
nelle ⁊ pardurable dampnation. Et a ce pꝓpos
parle mõ seigneur sainct bernard aux pecheᶻs̃

refufant penitance. O poure pecheur miferable recognoie & confidere en ton cueur lauftere vie et eftroite conuerfation du glorieux faint iehã baptifte et tu cognoiftras q̃ ceft vng dur mef/fagier de mort eternelle a tous pecheurs qui en ce monde refufent penitance et fuiuent leurs delices. helas nous poures beftes irraifonnables et miferables/vers de terre pour quoẙ fommes nous orgueilleux defpiteux et defplaifant a faire penitance/puis que nous voion que celuẙ qui entre les enfans de toutes femmes eft nafqui le plus grãt a volu fon faict corps pur et innocent chaftier par penitãce. nous defirons veftir et adorner le corps de veftemens precieux et le bon faint nauoit au defert pour tout parement fus fon corps que la dure et afpre peau du chameau. nous conuoitons et defirons boire vins delicieux/et le glorieux amẙ de dieu mon feigneur fainct iehan baptifte ne beuoit au defert fi non eaue pure. regarde donc toẙ pecheur miferable fi tu doibs fuir a faire penitãce pour fuiuir les plaifirs mondains. Helas nõ car certes ce neft pas le chemin ne la voẙe daler en paradis.   Et pour plus, efmouuoir ton cueur a faire penitance et fuir les delices du monde/recorde toẙ du mauuais riche qui fut feigneur et maiftre de tant de grandes richeffes et q̃ eftoit

beftu.tous les iours de pourpre et habit pcî
eulr le quel apres ceste bie mortelle non obſ
ſtant les delices quil auoit euz au monde ne
peut obtenir ne auoir en la neceſſite de ſon ar
dant tourment bne ſeule goute deaue pour ſa
langue refroidir.recorde ſes choſes cher amÿ ⁊
faiʒ penitance tant que tu as temps ⁊ eſpace ⁊
ne te conſie point tant a la lõgueur de tes ioʳˢ
Car non obſtant que dieu ait promis pardon
et miſericorde a ceulr qui beulent faire penitã
ce il ne leur a pas pour tant promis terme de
biure iour heure ne minute. Et ſi tu beulr ſa
uoir que ceſt que penitauce ie te dÿ que ceſt
pleurer en lermes de contriction les pechez paſ
ſes auec ferme propos diceulr ne cõmectre plus
Car comment dit ſainct auguſtin la penitan
ce eſt baine et nulle qui par la culpe ſequente
eſt ſouillee et maculee et ne profitent en rien
les pleurs quant on retourne a peche ne pdon
a dieu demander pour de rechef peche cõmetre
Et poʳ plᵘample declaratiõ tu doibs ſcauoir ⁊
noter que ilz ſont troÿs manieres de penitance
Ceſt aſſauoir contriction de cueur confeſſion
de bouche et ſatiſfaction de eupure. Pour ce q̃
en troÿs manieres nous offenſon dieu. ceſt aſſa
uoir par delectatiõ de penceé par imprudẽce en

parolle et par eupure dorgueil. Et pour ce que
vng contraire est par lautre cure en troys ma
nieres opposites nous satisfaison a dieu. Cest
assauoir en opposant et mectant contriction cô
tre la delectation de pencee. confession contre
imprudence de polle. et satisfaction contre leu
pure dorgueil. Or voions premieremêt que cest
que contriction. Concriction est vne douleur
voluntairemêt prinse pour les pechez cômis et
perpetrees auec propos dabstinence. volunte de
confession et satisfaction. Et doibt ainsi q̃ dit
sainct bernard ceste douleur estre treple. cestas
sauoir aigre plus aigre et tresaigre. Elle doibt
estre aigre pour tant que nous auons offence
nostre dieu et souuerain createur de toutes cho
ses elle doibt estre plus aigre car nous impu
gnon nostre pere celestiel qui no⁹ nourrist et
paist si doulcement et en tant sommes et deb
uons estre reputez pires que chiens.

Car les chiens de leur nature aiment ꝫ sui
uent ceulx qui les paissent et nourrissent. Tier
cemêt côtriction doibt estre tresaigre et tresdu
re pour tant quen cômectant peche no⁹ offen
sons dieu et de rechef nous tourmêtons et cru
cifions nostre redêpteur qui no⁹ a rachaptez
de son ꝓpre sang deliurez des liens de peche o
tes ꝫ mis hors de la crudelite des diables ꝫ d

paines denfer. pour tant debuons eftre dolans
et defplaifans de trops chofes. Ceft affauoir du
peche cõmis. du bien faict delaiffe. et du temps
perdu. Et de la vertu et qualite de gtriction dit
fainct auguftin ĝ plus vault contriction de cu
eur ĝ tout le pelerinaige du moude. Et en vne
glofe faicte fus le pfeaulme. Ad dñm cum tri-
bularer. eft dit que dieu ne fcait differer ne efcõ
dire le cueur contrict et repentant qui en cõtri
ction le fupplie. Et pareillemẽt fainct iehan cri
foftome dit. Contriction eft celle feule qui fait
a lame huir labit de pompe et aimer lafpre ve-
ftement de la haire. Aimer lermes. hair et fuir
plaifances et ris/ car il neft chofe qui cõioigne
et vniffe lame a dieu. que les lermes du peni-
tent. Et au contraire dit mon feigneur fainct
auguftin que nous ne pouons donner au diable plus aigres douleurs que de garir les plaies de nos pechez par confeffion et penitance.
Mais helas combien que par penitance ɇ con
trictiou nous pouons tant de biens acquerir.
peu de gens font qui penitance veulent faire.
De quoy noftre feigneur fe cõplaint parlant
par ieremye.   Il neft hõme qui parle ou pro
fere chofe qui foit bonne.   Il neft
homme qui face penitance du peche commis

en recognoissant son faict. Le segond cest assa
uoir confession est legitime et suffisante accu-
sation et declaratiõ de ses peches deuãt le pre-
stre. pour tãt est confession ethimologisee aisi. Semblable en tout ou dune part et daultre
satisfaction. Car celuy vraimēt se confesse q̃
dit tout. ou cõfession ainsi que dit p̃.sodore au
liure des ethimologies est p̃ la quelle la mal-
die secrete de lame soubz esperãce de pdõ et mi
spicorde est en la louãge de dieu ouuerte. De la
q̃lle vtu dit saict ãbroise sur le pseaulme. Be-
ati imaculati. La vengēce diuine cesse quãt la
gfession hũaine va deuãt. Et cassiodore sur le
pseaulme. Cõfiteãt tibi p̃pli de9/dit. Dieu nest
pas iuge mais est aduocat pour ceulx qui par
vraye confession se gdempnent et rendēt coul-
pables. Et pape leon dit. Le peche ne demeure
point a condempner en iugement qui par confession a este purge. Et sainct augustin au liure de penitance, dit. Confession est salut des
ames adnichilante et degasteresse de peches re-
staurceresse de bertuz guerroiante et combatãte
gtre les diables. Et quoy plus confession clost
la porte denfer et euure celle de paradis. pour
lesquelles choses trescher amy iouxte le cõseil
de isaie. Dy tes iniquitez affin que tu soies iu-
stifie. Car le cõmancement de iustice. cest cono-

fession de ses pechez pour tant te fault il con
fesser tous tes pechez entieremēt desqueulx tu
as memoire a bn preftre le quel ait puissance
de toy absouldre par telle condition que tu ne
dies pas a bnty preftre bne partie de tes pechez
et a lautre preftre lautre partie/car en toy con
seffant par telle maniere/lun ne lautze ne te
pourroit absouldre ne remede dōner. pour tāt
dit sainct brnard/celuy qui diuise sa confessiō
a diuers confesseurs/il na point de pardon/car
cest bne detestable fiction q son peche diuiser
et le raire par dessus sans entrer au persons de
la racine.et ceulx qui le font en telle maniere
recepuront excōmunication pour absolution/
malediction pour benediction. Et telle diuisiō
de confession se faict souuent par ypocrisie car
ilz dient les grans et graues pechez aulx pre
stres que ilz ne cognoissent point et a ceulx q
sont de leur cognoissance et leurs familiers ilz
dient et confessent les pechez plus legiers. De
quoy dit sainct auguftin et ainsi est il escript
au decret. que celuy qui diuise sa confession
nest point a louer. car il cele a lung ce que il
reuele a lautre. La quelle chose est soy louer
par maniere de ypocrisie. Or parlon de satis
faction la quelle sainct augaftin diffinist en

c.iii.

ceste maniere. Satiffaction est excider et de/
laisser les causes de pechz et ne fauoriser a ses
sugestions ne amonitions. Et sainct gregoire
dit. Nous ne faisons pas satiffaction par ces/
ser de pechz/se nous ne delaissons les voluptez
en ensuiuant pleurs et lamentations contrai/
res et oppofites a pechz. Au quel propos dit cri
foftome. Telle que loffence a efte deuant com
mife. telle doibt enfuiuir la reconfiliation z fa/
tiffaction. et doibs eftre auffi enclin a pleurs z
lamentations. commet tu as efte enclin a pe/
chz et pren en toy auffi grant deuotion de fai/
re penitence coment tu as eu grant incention
de faire et comectre pechz car les grans pechez
et pefans defirent les grans lamentations. De
quoy dit eufebius euefque. Par legere contri/
ctio ne peut pas eftre la debte paiee par laql le
la mort eternelle eft deue au pecheur ne de pe
tite fatiffactio ne peut on fatiffaire aux maux
pour lefquelx le feu eternel eft appareifle. Mes
helas plufeurs font tantoft laffez en cefte vie
mortelle de faire penitance et retournent de
la voie de fatiffaction en regardant derriere
eulx comme la fame loth. Contre lefquelz par
le fainct bernard en vng fermon ou il dit. Ce
luy qui parfaictement fent et apercoit le pe/
fant fais de pechz z la efion et maladie de lame

il ne pourra gueres ou poit aperceuoir la paine
du corps et ne reputera a rien le labeur par le
quel les pechez passez font effacez et ceulx a ve
nir euitez. Et sainct augustin sus le. le pseaul
me dit. pluseurs sont qui nont point honte de
faire et comectre peche. mais ont honte et ver//
goigne de faire penitece. O incredule creature
forcenee et hors du sens as tu poit honte & hor
reur de la playe de peche ne vois tu pas quelle
est puate orde et pourrie. Recours au medicin
et fay penitece en disant. Mon dieu mo crea//
teur ie cognois mon iniquite et voy clerement
que mon peche est tousiours contre moy. A toi
seul iay peche commis/car tu es seul sans pe/
che. En oultre tu dibs noter que satiffaction
est en troys choses/ cestassauoir en oraison en
aulmosne et en ieune. affin que ce nombre ser//
uaire soit opposite a trois faulx & dyaboliques
pechez Oraison contre orgueil Ieune contre la
concupiscence de la chair   Aulmosne contre
auarice   Eu len peut dire ainsi
Tout peche ou il est commis/ il est commis
contre dieu. et ainsi contre celuy peche est or//
donnee oraison.   Ou peche est commis con//
tre son prouchain. et encotre celuy est ordonee
aulmosne. Ou est comis encontre nousmesme
                                              c.iiii.

⁊ contre celuy est ordõnee ieune.Et pour plus
grant declaration de satiffaction parlon vng
petit daulmofne.aulmofne vault autaut a di
re felon la maniere de parler:cõme mandemēt
de mifericozde et en cefte maniere doibt eftre ef
cript/elemofina/par e.et aulcũeffoiz on lefcrit
par ÿ grec en cefte manieze elymofina/et adõc
ceft au tant a dire comme mandement de dieu
car luy mefmes de fa propze bouche manda et
cõmanda aulmofne eftre faicte.De quoy dit ie
remie.Donnez aulmofne ⁊ toutes chofes ferõt
en vous pures et nectes. Ou tiercemēt aulmof
ne peut felon aulcũs ethimologifeurs eftre dis
cte eaue de dieu.pour tant ꝗ ainfi que leaue ef
tainct le feu.aulmofne eftainct peche. oz deb
uons nous fauoir que troys chofes no⁹ doibuēt
efmouuoir a faire et acomplir aulmofne et les
eupures de mifericozde. La pzemiere chofe eft
pour ce que mificozde rachapte la coulpe. Po
tant eft il efcript aux pzouerbes.xvię chapitre.
Par mificozde ⁊ verite eft iiquite rachuptee. Et
daniel recite en fon.iiiię chapitre/parlant dune
fame qui mift en tous fes vaiffeanx vne petite
quãtite.duile quelle auoit/et tantoft creut lui
le en telle maniere quelle paꝑa et pacifia fes
credite²s.Les vaiffeaulx de la fame qui eftoiēt
vuides denotēt les poures lefqueulx no⁹ deb

uons en nostre maison appeller. Ainsi dit ysa
ÿe en son. liiie chapi. A maine z appelle dedans
ta maison les poures et les despourueuz et es
garez et si pou duile que tu as cest a dire de
substance distribue la par tes vaisseaulx.
Jouxte ceque dit thobie. Si tu as pou a don
ner estudie a le doner et impartir aux poures
voluntairemēt car adonc croist luile de miseri
corde quāt par merite et grace lame pecheresse
satisfaict a dieu de ses pechez. la seconde chose
q̄ nous doibt esmouuoir a faire aulmosne. cest
pour tant quelle multiplie et accroist les biēs
temporelz. De quoÿ dit sainct gregoire en son
dÿalogue. Les substances terriēnes sont multi
pliees pour tant quilz sont dōnees et distribu
ees aux poures. Nous auōs exemple au tiers li
ure des roÿs au.xvie chą. de la vesue famine qui
reput helie a la quelle dieu multiplia huile et
farine. Par quoÿ est entēdu q̄ les poures pais
sent plus les aulmosniers que les aulmosniers
les poures. Tiercemēt nous debuōs faire aul
mosne et euure de misericorde. car aulmosne
garde laulmosnier a leure de la mort/ et maine
a clarte et a ioÿe son ame au roÿaulme des ci
eulx. Et pour tāt dit sainct ābroise. q̄ misicorde
seule acōpaigne les trespassez. O quelle cōpai
gnie au mourāt dauoir aulmosne. Ne laisse

pas donc si loyal ne si bon seruiteur ne veilles
pas mectre tel aduocat derriere tõ dos. Ne fay
pas cõme ceulx qui en leur vie detiẽnent les bi
ens par telle ardeur dauarice q̃ par leurs propẽ
mains iamais aux pouures aulmosne ne depar
tẽt. car telz sont semblables a celuy q̃ po² veoir
plus clerement son chemin porte sa lumiere der
riere son dos. Mais fay ainsi que tenseigne lec
clesiastique Ne dy point a ton amy:cest a dire
a iesucrist a ton ame ou au pouure quãt il de
mandera laulmosne. mon amy va et reuien de
main ie la te dõneray. comme il soit ainsi q̃ tu
luy puisses dõner quãt il la te demande Tu do
ibs sauoir que le riche a qui on demãde laul/
mosne doibt considerez trois choses. premieres/
mẽt qui cest qui luy demande car dieu luy pro
pre a tãt voulu aymer les pouures q̃ tout ce q̃
tu leur donnes en lõneur de luy il le repute es
tre a luy faict ⁊ dõne. Pour tãt est il escript en
sainct mathieu. iiiᵉ. chapitre. Tout ce q̃ vous a
ures faict a vng de mes mendres seruiteurs a
moy lauez faict. Dieu demãde par le pouure
laulmosne du riche. et le riche demande a dieu
le royaulme des cieulx. Si doibt bien craindre
le riche quãt au pouure refuse ⁊ denie laulmos
ne que dieu ne veille pas exaucer ine ouyz sa
priere quãt il demandera le roiaulme celestiel

Car il est escript aux prouerbes xxi^e cha. Celuy qui clost ses ozelles quãt il oyt le pouure crier le temps biendra que il criera et ne sera point ouy de dieu Secondemẽt le riche doibt ꝯsiderer quelle chose cest que dieu demande quãt ꝑ ses pouures il demãde laulmosne. Certainemt il ne demande rien du nostre mais demande le sien seulemẽt Et pour tant est biẽ celuy ĩgrat a dieu qui au pouure denie et refuse laulmosne necessaire quãt il a biandes et biens habun danmẽt et ceste chose considera dauid le quel dit au ꝓmier de palipomenon xxix^e cha. O mõ dieu mõ sire toutes choꝩ sont a toy ꝫ nauons aultre chose po² te donner foꝛs seulemẽt ce ꝙ de ta main auõs receu ꝫ prins Et beritablemẽt dieu nostre seigne² nous demãde par le poure ce qui est sien et lui apptient ꝫ nõ pas a dõner mais seulemẽt a ꝓster po² en rendre nõ point le double ne le tiers. mais croissant a bsure de cẽt fois plus. o pouure pecheur fay selõ le dit ꝫ sainct augustin. baille a bsure a dieu ce que tu bailles a lõme ꝫ tu ẙ prendras cent fois plus ꝫ la bie eternelle posseuderas Trop est ingrat ce luy qui ne beult a dieu bailler a bsure ce quil baille a bng iuif ou sarrasin Et pour la cõsideration de toutꝬ ses choꝩ ie te prie cheremẽt assẽ ble les pouures ꝫ en fay ton tresoꝛ au ciel com

ment en lieu fort ⁊ feur en faifant les eupure∫
de mifericozde et ne thefaurife point en la terre
car le cueur de lauaricieux eſt côment la foſſe
fans fons qui tât plus recoit et pzent tant pℓ⁹
ᵇeult et defire auoir ⁊ iames ne fe treuue plaie
Iouxte le dit de lecclefiaſtique. vii⁹ chapitre.
Lauaricieulx ne fera iames plain de pecune/
car le cueur fuit toufioure le trefor. Douleur
foit a celuɣ qui faict trefoz en terre/et qui en p
fecutant fon cueur en terre en tant perileux ex
il fe mect. Et fus ce pas dit crifoſtome. Affem
ble ta fubſtance au lieu ou as ton pais et ta de
meure/car celuɣ qui ne faict trefoz fozs en terre ne trouuera rien au ciel quant rien nɣ aura
mis.et croɣ que feulement.apzes ta mozt ce ᵖa
a toɣ que tu auras aux poures dône. Les biẽs
ne font pas a lomme defquelx il ne peut iouir
ne empozter auecⱥs luɣ. Oz entens la belle au
ctozite faict ambzoife. Il neſt rien de fi grãde
recômendation enuers dieu/ⱥ la pitie de chari
te. Iaɣ ce dit leu et regᵗde plufeurs liures ⁊ef
criptures/mais ie ne me recozde poît auoir trou
ue ⱥ lomme ⱥ boulentiers a excerce les euures
de pitie foit mozt bilainemẽt. Et pape leon dit
Celuɣ dône et enuoɣe a dieu fruictz pzecieux
et entiers/qui oncques ne laiſſa le poure par
tir defpourueu ne triſte de dauant luɣ. Helas

la bertu de misericorde est si grande qne fans
ele toutes les aultres bertuz nepeuent proufi
ter.et combien q̃ bnÿ homme soit loial.chaste
sobre.garni et enrichi de pluß²s aultres bertuz
si nest piteable et misericordieux.iames miseri
corde ne trouuera.Et ce que iaÿ dit des bertuz
daulmosne et des eupures de misericorde la q̃
le chose iaÿ boulu traitter en la faue² des po/
ures suffise.et retournons au propos du cõmã
cement de ce chapitre ou il est dit. Celuÿ qui
ne prent sa croix et bient apres moÿ nest pas
de moÿ digne.Ceste croix doibt estre prinse au
temps de ieunesse et de force. Au quel propos
est dit en lecclesiastique au.xii° chapitre. QRe=
membre toÿ de ton createur es iours de ta·ieu=
nesse.Et aussi dit il semblablemẽt. Filz ne tar
de point a toÿ conuertir a dien.et ne differe po
int de iour en io² car son ire biendra sur toÿ
soubdainemẽt et en tẽps de bangeãce te pora
Mais contre le salutaire gseil du saige le dia/
ble baille et promect a lõme maulnaise·et dã/
xnable esperance de longue bie eu disant.Tu
es iẽne tu biuras tu iras a confesson et feras px
nitãte.O tãt il est de poures pecheurs q̃ trop
de leger croiẽt cest aduocat q qui se fient en la
folle espance de longue bie ppofans en leur
biellesse se corriger·q amẽder et la mort subite

les bient rauir et prendre et finablement font
dampnez. Et pour tant est il dit en ecclesiasti
que.xxix.e chapitre.La tresmauldicte repromis
sion et esperance de longue bie pluseurs a mis
a perdition. Or est il doncques a noter que tel/
le repromission diabolique de longue bie et fai
re penitance en bielleffe est mauluaise.car elle
est contre droit et raison. Encor elle est pire/
car elle est contre le pecheur mesmes. Et si est
fouuerainement mauluaise/car elle est contre
la fouueraine bõte de dieu.Et quelle foit maul
uaise et contre droit e raison/il apert par trois
exemples.Le premier exẽple est.que celuÿ qui
auroit dix asnes et bailleroit toute la charge a
porter au plus feble feroit contre iuftice e rai
fon.Et ainfi faict celuÿ qui beult feurlemẽt bail
ler a bielleffe la charge et le fais des peches qͥ
a cõmis en adolefcẽce ieuneffe et birilite. car il
baille la charge au plus feble afne.ceft a dire
a bielleffe qui eft la pl9 debile car en cel aage
na lõme force ne bͭu de porter paine ne labou
rer e ceulx q le font defͥuent malediction.com
mẽt il eft efcript en zacharie pͥmier cha.Lõme
plain de fraude eft mauldict qui a en fon befti
ail pluseurs mafleet il facrifie le pire a dieu e
le pl9 poure:et tout ainfi eft mauldict celuÿ qͥ
es delices de ce mõde paffe fon tẽps fa bͭu fa

force sa beaulte sa ienesse ⁊ garde po' sacrifier
a dieu sa debile et feble ieunesse.⁊ po' tant dit
ꝑsodore.Celuy ꝗ pert le temps guenable de pe
nitāce po' nient biendra deuāt la porte de dieu
en peres Le segōd exēple est tel Celuy ꝗ ne po'
roit leuer bng fardeau ne fais ꝗ̄t il.est en sa
force ⁊ puissance et ses forceroit de le leuer ꝗ̄t
il est en sa feble ⁊ debile vieillesse il deburoit biē
estre tenu et repute foul et iniuste. Et tout aī
si est il de celuy ꝗ en sa ieunesse quāt il estfort
et puissant ne beult porter le fais de sa ꝑnitēce
qui est adonc legere et espoire de mieux la por
ter en sa bellesse quāt la somme ⁊ le fais ꝓont
augmentez et apꝛsantiz et luy affebli ⁊ debilite
Et celuy resemble a bng foul du ꝗl il est dit
en la bie des peres ꝗl coupoit,et trāchoit du bo
ys et de ce bois faisoit bng fais puis essaioit a
le leuer et quāt il le trouuoit trop ꝑsāt il cou
poit de rechef daultre bois et le mectoit en sa
chr̄ge ⁊ la bouloit leuer/et tāt plus la trouuoit
pesante.⁊ pl9 ꝗ aioustoit de bois.En ceste ma
niere font les pechᵉs quant ilz prenent la chē
ge de peche ⁊ ilz lessent ꝑnitēce ⁊ de iour en
io' mectēt et aioustent peche sus peche. Car aīsi
ꝗ dit mōseigneur saīct gregoire. Le peche qui
par ꝑnitēce nest purge et oste.de sa nature ap
pete ⁊ traict a luy lautre. Le tiers exemple est

tel. Celuy qui toute sa vie en soign et en grãt
cure de gardes et de oupuriers faict parer ꝗ di
sposer vne maison en la quelle il nauroit nul
le esperance ne propos de iames habiter ou de
mourer en la maison quil desireroit pour son
demeure perpetuel destruiroit/et vouldroit def
faire a son pouoir. tel a iuste cause deburoit biē
estre dit et repute foul ꝗ infame. Or doibs tu sa
uoir et entendre que tout ainsi est il du peche'
qui iusques a la mort differe soy conuertir adi
eu et tous les iours desire et couuoite viure es
delices et voluptes de ce dolent et misfable mõ
de suyuant compaignies mauluaises/ par les
quelles il a pluseurs occasions de cõmectre plu
seurs pechez morteulx. par lesquelx il appareil
le et prepare pour tout le temps de sa vie vne
maison en enfer au ꝗl lieu iames ne vouldroit
demourer. Et pour tant il doibt craindre ꝗ doub
ter la sentence de mon seigneur sainct pol aisi
disant. Celuy qui faict et va contre sa consci
ence il edifie pour luy maison ꝗ logis en enfer.
Et pour demonstrer et prouuer que la promes
se et esperance de longue vie soit encore pire
encontre le pecheur il apert et nous est. clere/
ment demonstree par denx exemples. dont le
premier est tel. Celuy qui desireroit plus estre
malade que sain en seruitute que en franchisse

nauoir pẽ pluftoft que poffeder fa part de toꝰ
les biens du monde tel feroit contre luy mef=
mes de telle condition eft le pecheur quant il
tarde a faire penitēce. car il ayme mieulx eftre
en peche qui eft maladie.fpirituelle.de lame.
Et non pas feulement maladie mais mort eter
nelle par quoy il appert bien clerement que le
pecheur en ce cas obftine doibt bien eftre dit cõ
tre luy mefmes mauluais.quant il fe aime mi
eulx malade que fain mort que vif feruiteur
que franc mauluais que bon. car ainfi que dit
monfeigneur fainct iehan en fa canonique.ce=
luy qui faict peche eft en la fruitute de peche.
Et fainct auguftin dit que lõme bon/ iufte/ et
loial non obftant quil foit en feruitute. il eft
en.fa bõte gardant toufioures franc ꝗ en fa frã
chife Mais lõme mauluais et pecheur non ob
ftant fil regne et fil eft craint et honore en ce
monde il eft et demourra mauluais et en frui=
tute.Et qui pire chofe eft a dire.autãt quil eft
en la fruitute de mauluais feigneurs il eft en
fcruitute de vices et pechez Le fecond exẽple
eft tel Celuy qui deburoit grant fomme de pe
cũe a vfure qui croiftroit et augmenteroit de
iour en iour et ne la pourroit paier mais tarde
rou tãt quil pourroit/ celuy feroit contre luy/

mesmes. oz est ainsi a pzopos car tãt plus que
lôme demourra en peche tant plus sera il obli
ge a paine (De quoy il est escript en lapocalip
se.xvie chapitre (De tant plus que le pecheur
sest glozifie en ses delices/ de tant plus dônez
luy tourmens pleurs et paines (Tiercemêt que
la pzomesse de longue vie soit tref dangereuse
et trefmauluaise en tant quelle est côtre la vou
lunte de dieu il appert par trois exêples dont le
pzemier est Sil estoit ainsi que aulcun ieune
homme impugnast z fust contraire a son mai
stre du quel il auroit eu tout son bien par lef
pace de sa vie et qui lessast son pzopre seigne[r]
pour seruir lênemi de son maistre durãt sa foz
ce et sa ieunesse/ et quant il seroit caduc et at-
taint de viellesse il retourneroit a son pzemier
maistre en soy offrant a son huice pour le demourant et fin de sa vie/tel seruiteur seroit re
pute mauluais et a son maistre côtraire et def
loial.et bien petit deburoit estre agreable le ser
uice de tel hôme. en cefte maniere est il du pe
cheur qui en commectant peche offence dieu et
sert a son ênemy.cest assauoir au diable durãt
sa force et sa ieunesse et pzopose de seruir a di
eu en la debilite de sa vieillesse Le second ex
emple est tel Sil estoit aulcun qui eust receu

de son seigneur grans dons et grans biens pᵒ
les multiplier et gaigner ⁊ quil en deust auoir
le gaing pfit et emolumēt/ tel seroit bien foul
et a son maistre ingrat/ꝗ pour niēt les dōs ⁊ les
biens despendroit et degasteroit La quelle cho
se faict le pecheur qui en faisant directement
contre la bonte de dieu et commectant peche
despent et follement degaste en contumelie et
ingratitude de son createur les biens quil luy
a donnez Cest assauoir le corps et lame/ les
sens par lesquelx son ame est anoblie/ les for/
ces et bertuz du corps/les biens mondains et
temporelz/lespace de sa bie/et pluseurs aultres
grans et beaulx dons et benefices que de dieu
a receuz. Mon seigneur sainct gregoire par/
lant de lame que dieu nous a baillee comme
tresor precieulx pour en vser raisonnablemēt
en faisant eupures meritoires par lesquelles
nous puissons acquerir le royaulme de para /
dis dit en ceste maniere   Douleur et maledi/
ction soit a moy se par ma negligence ie faulx
a garder le tresor et le ioyau que dieu du pre/
cieulx sang de laignel sans macule a boulu
rachapter Et du tēps que dieu noꝰ a donne en
ceste bie mortelle dit icelui sainct gregoire Tu

nas eu ce monde iour heure minute ne espace de
temps de quoy tu ne rendes cõpte deuant dieu
cõment et en quelles operations tu lauras em
ploie Le tiers exemple est.si le seruiteur despen
cier de qlque seigneur des biens de son maistre
dõnoit aux estrãgersz ases ẽnemis le bon pain
le bon vin et les meille²s viandes.et a son mai
stre feist bailler et administrer pai corrumpu
et infaict.vin aigre et plain de lie chair et poiſ
son puãt et pourri tel feroit iniustemẽt a faul
cement contre la boulũte son maistre En ceste
maniere faict le pecheur qui tout le plus beau
et le meilleur de sa vie cest assauoir sa force sa
ieunesse baille et dõne au monde a au diable q
sont ennemis de iesucrist et propose dõner a di
eu le pire qui est leur veillesse a fin de leur vie
Helas dauid ne faisoit pas ainsi le quel disoit
Mon dieu mon createur ma force ma beaulte
ma ieunesse veil a toy seul et a ton seruice gar
der Et a ce propos est dit en ecclesiastique Na
porte point a dieu les pourritures de ta vieil/
lesse mais luy apporte et presente le vin franc
pur et nect de ta fleurissante ieunesse Item
mon seigneur sainct gregoire parlant de celx
qui different a faire penitence dit en ceste ma
niere Le pecheur est trop loing/et estrange de
la foy qui pour penitence faire. actent le tẽps

de sa vieillesse. comme il soit ainsi quil nait en
sa puissance nulle heure de sa vie. Et pour tât
iouxte le côseil de ysidore. vnchacun pouure pe
cheur se doibt diligenter de toute sa puissance de
soy retourner a dieu quant il peut. car qui ne
faict penitence quât il peut sil ne veult/quant
il vouldra il ne pourra. fay donc penitêce ꝗ ne
tarde point. affin que tu ne soyes enclos dehors
auecques les vierges folles.

Côment lon doibt despriser le môde. C. iiie.

on seigneur sainct iehan en sa pmiere ca
nonique nous demonstrant que nous ne
debuons point aimer le monde. ne les choses ꝗ
sont au monde dit en ceste maniere. Nlayme
point le monde ne les choses qui sont au mon
de Se il est aulcun qui aime le monde la cha
rite de dieu nest point auecques luy. car le mô
de et sa concupiscence se passent Et sainct au
gustin ensuiuant les parolles demande en ce
ste maniere O toy pouure creature le quel vu
eulx tu de deulx eslire. veulx tu aymer le mon
de et les choses têporelles et passer auec le têps
ou viure eternellement auec dieu Si tu aimes
le siecle il te absorbira et offusquera. car le sie
cle appelle et doulcement attraict a luy, ceulx
qui le veulent aimer et suiure mais au besoing
                                        d. iii.

il leur fault et ne les peut supporter ne secou
rir Et certainement le mõde est ainsi cõme vn
excommunie/car ainsi q̃ pour lexcommunie on
ne faict en leglise aulcũe priere nostre seigne⁊
iesuc̓st po⁊le mõde ne voulut poit prier leql tou
tesff fist pere pour ses psecute⁊s et pour celx q̃
le crucifierent Helas tant cest folle chose de ser
uir a tel maistre ⁊ a tel seigneur q̃ en la fin chu
ce et deiecte son fruiteur nu.pouure et sans loi
er Ainsi faict le mõde Nous lisons du souldã
de babilone le q̃l estant malade en la cite de da
masce de maladie mortelle luy cognoissant sa
bie estre briefue et sa mort prouchaine piteuse
ment et en grãs lamentations appella vng de
ses fruiteurset luy dist en ceste maiere Tu sou
lois porter en mes batailles la baniere et le si⁊
gne de mes armes par triumphant victoire. or
maintenãt pren et porte le signe de ma mort
dolozeuse cest assauoir ce pouure drap et misa
ble linceul et crie a haulte boix p toute la cite
ces parolles Voyez le roy de toutes les pties o
rientalles le quel mourant et finissant ses io⁊s
nẽporte auecques lui pour toutes richesses du
mõde fors seulemt ce bil et pouure drap Et se
blablement no⁹ lisons dung ieune price roy de
lorraine le q̃l estant en enfermete de maladie
qsiderant ses.io⁊s estre cours et sa mort pchaine

et regardant fes palais maifons et grãs edifi
ces fefcria en iectant foupirs et piteufes lermes
O mon dieu mõ createur iefus/ a cefte heure ie
foy, et puis cognoiftre que le monde eft et doit
biẽ eftre a defprifer Helas iay eu en ce monde
tant de palais de maifons et de logis riches et
fumptueux/et maintenãt ie ne fcay ou ie doy
loger ne quel hofte pour cefte nuyt me doibt re
cepuoir Cõfidere ces chofes pouure et mifable
pecheur et leffe tõ dieu ϱ ta felicite ceftaffauoir
ce monde decepuable deuãt que par luy et de
luy tu foyes delaiffe en fi grant ϱ miferable po
urete Efcoute mon feigneᵘ ſt iacõs leql dit en
cefte maniere Celuy qui eft amy de ce monde
eft ennemy de dieu.Et fainct gregoire dit. De
tãt que lomme eft plus pres de lamour du mõ
de/de tant eft il plus loing de lamoᵘ de dieu.
Pour la qlle chofe manifefter noftre feigneur
iefucrift a leure de fa paffion foulut hors de la
cite de ierufalem tout nu eftre crucifie ϱ fouf
frir mort/ foulent demonftrer q on doibt fuir
le monde et fa cõmunite.et en donnant exẽple
que celuy qui feult enfuir le fruict et le merite
de la paffion. Il doibt faillir etyffir hors de ce
monde. Au moins par affection en fuyant
mondaine conuerfation et defirant la fpiritu

elle pour tant parla dieu a ieremie et lui dist
Fuyez et allez hors de lnbilone affin que cha
cun saulue son ame par babilone ainsi q dit s.
ierosme est entendu vne maison de confusion
la quelle maison reprefente ce monde au quel
de toutes pars regne confusion.tant au clerge
côme au peuple.tât aux religieux que aulx se
culiers.tât aulx anciens que anlx ieunes,q ge
nerallemêt tât aulx hômes q aulx fames En
telle maniere que mon seigneur saict iehan dit
veritablement q a bon droit en sa canonique
Tout le monde est mauluais et a tout mal lu
bandône pour la quelle chose côseille mon sei
gneur sainct bernard quô doibt suiuir la vie re
ligieuse ainsi disant Fuies hors du milieu de lu
bilone cest a dire de ce siecle et sauluez vos a
mes Volez es citez de refuge cest a la vie religi
euse Et la vo9 pourrez des maulx passez faire
penitence et la gloire eternelle acquerir helas
ne vous esbahissez ou espeuurissez p lausterite
q la paine de faire penitêce car les paffions q af
flictions de ce môde ne sont pas condignes ne
suffisantes po2 pardôner les maulx qles pechez
perpetrez et passez au regard de la gloire q par
penitence no9 est promise en la maison de dieu
cest au roiaulme celestiel Et po' plus âple de
claration de ceste matiere il est a noter q nous

debuõs fuir ce dolent & miſſable monde pour q̃
tre choſes Premierement tu doibs noter q̃ les ſai
ges ſe deptent voulẽtiers pour lez ſante gſeruer
et garder du lieu infaict par aulcũe pulantiſe
ou peſtilence et prĩcipallement ſe ilz ſe ſentẽt
ou apcoiuent malades ou diſpoſez en maladie
dãgereuſe. en ceſte maniere eſt le monde car il
eſt infaict puãt et peſtilencieux par labundãce
des pechez Et cõme il ſoit ainſi q̃ peche ſoit ma
ladie gtagieuſe/la cõpaignie des pecheurs & des
maaluais eſt a fuir et delaiſſer et cõme ce neſt
pas choſe ſeure a lõme qui eſt ſain & nect p to9
ſes mẽbres de cõmuniquer et ſuiuir labitatiõ de
ceulx qui ſont infaictz p̃ leppre et mezellerie/
pareileillement ce neſt pas choſe ſeure á lõme
le quel veult eſtre pur et nect de peche/de ſuiuir
les mondains rempliz de tous vices et pechez .
Au quel propos eſt dit en eccleſiaſtique. xiiiᵉ.
chapitre Celuÿ qui touche la poix en emporte
de telle taiche et ſouilleure Et celuÿ qui cõmu
nique auec orguilleux ſe trouuera veſtu et par
re dorgueil.et a la verite il eſt cõme impoſſible
que celuÿ demeure longuement en bõnes cup9
ures qui frequente ſouuent auec les maaluais.
Pour tant dit le pſalmiſte Auec le ſainct tu
te trouueras ſainct.et auec les maaluais tu te
trouueras maaluais Et tout ainſi que maal9

uaſſe conuerſation eſt nuyſable.par contraire
la bône compaignie eſt proufitable. Car q̃ treu
ue bonne côpaignie il treuue vie plaiſante ha
bundâce de richeſſes. Et pour la braye declaı
ration ie croi que iames fors a tart lôme ne de
uiẽt bon ou maultuais ſi non pla côpaignie q̃l
entretient. Et côme dit ſainct ierome. le cueʳ des
enfans eſt comme la table pure, et necte en la
quelle na ríen painct. Pour quoy il eſt vray
ſemblable que les meurs et conditiôs quilz ap
prennenten ieuneſſe ſoient bônes ou maultuai
ſes/ilz les ſuiuẽt et maintiennẽt en vieilleſſe.
Nous debuons donc nous eſloigner du monde
côme du maultuais voiſin. Car il neſt poît de pi
re voiſin ne qui tãt puiſſe nuyre q̃ la finite des
pechez deſquelx lẽ monde eſt plain. Seconde
ment les ſaiges de leur nature ſe departent et
eſloignent des lieulx auſqlx ilz ont doubte de
ſtre trahiz vẽduz et deliurez aux mains de leʳs
ennemis. la q̃lle choſe faict le monde de iour en
iour. Et pour tant luy eſt ppre la parolle de
iudas traditeur de ſon maiſtre en la q̃lle il dit
Celui q̃ ie baiſeray p̃nez le et le tenez car ceſt
celui que ie voʳ doibs deliurer. Telles ou ſem
blables parolles dit le môde au diable. Car ce
lui q̃ le monde baiſe et accolle au iour duy et
celx quil eſlieue en hôneur il les trahiſt et les

baille es mais de leurs ēnemies/ cestassauoir es
diables·par quoy tu doibs noter q̄ en ce monde na point de feaulte Car ainsi q̄ dit mon sei
gneur sainct ierome. Le plusgrant ẓ manifeste
signe de dāpnation/cest dauoir ẓ de suyuir en
ceste vie corporelle ses plaisirs soulas et felicitez et estre aime du monde. car celui foruoie et
erre en la voie de iustice/qui p richesses et delices sefforce de complaire au mōde. Tiercement
les saiges se esloignent daulcū lieu pour le pil
q̄ ilz cuidēt q̄l y ait. Et certainemēt le mōde est
vng lieu tresperilleux ẓ dāgereux q̄ est appelle
mer. cōe dit le psalmi. Le mōde est vne mer grā
de ẓ spacieuse/de la quelle ainsi cōme dit sainct
bernard. La difficulte du passer et la multitude
des perissans prennent le deuger. Et tout ainsi quen la mer de marseille de quatre nauires
a paie en passe vne sans perir. aisi est il de la
mer de ce monde/ car de quatre ames a paie en
viēt vne a saluatiō. Ce monde est pres q̄ le de
luge au quel peu de gens se peuēt sauuer. Il
est cōme la fournaise babilonique embrasee
du feu denfer. Pour tant le doibt sur tout lom
me craindre et fuyr. car pour le vent dune peti
te parolle il est embrase du feu de ire. Pour le
seul regard dune fame il est embrase du feu de
luxure/ par le regard dune seule chose preci-

euſe il eſt embraſe du feu de concupiſcence.
Quartemēt nous voions par experience que lō
me ſe depart voulentiers et eſloigue de celuy
dont il ſe deffie et principallemēt de ſon enne
mi capital Noſtre ennemi capital eſt le diable
prince du monde qui noſtre mort de iour et de
nuyt menace.du quel nous eſloignons quant
no⁹ delaiſſons le monde pour tant dit eccleſi
aſtique au ix^e chapi.Tien toy touſiours loing
de lōme q̃ a puiſſance de occir par le q̃l hōe eſt
entendu le diable qui ainſi eſt dit/pour tant q̃
par lōme eſt deuaincu comme dit ſainct mathi
eu en ſon xiiii^e chapitre Telle choſe pourchace
et faict lōme qui eſt ennemy pour leſquelles
choſes deſſuſdictes nous debuons ſauoir et en
tendre q̃ le ſouuerain remede de vaincre le mō
de.ceſt de le fuir et ſoy deſpartir dauecques lui
Et a ce propos nous liſons en la vie des peres
q̃ mon ſeigne² ſainct acrime lui encore eſtant
reſidēt ꝗ demourāt au palais des ſpreurs feiſt
ſon or5aiſon adieu Sire ie te pe adreſſe moy en
la voie de ſalut En la q̃lle oraiſon faiſant vi5t
vne voix q̃ luy dit acrime fuy le mōde ꝗ les hō
mes et tu has ſaulue et tantoſt le bō ſainct ſen
ala en vne deuote religiō au q̃l lieu il depria ſē
blablement dieu diſant cōme deuāt. Sire dreſ
ſe moy et me monſtre la voie de ſalut Et de re

chief luy dist vne voix Acrime fuy/vainc/fay
silence. et te repose.ce sont les racines de bien
viure et fuir peche Par la fuite est vaincue la
côcnpiscence de la chair Par soy traire est vai
cu orgueil Par le repos et cesser daimer les des
f rs de ce môde lauarice et couuoitise. Item ç s
dore nous amôneftant a despriser le monde dit
en cefte maniere Se tu veulx estre et viure en
repos nappete rien du môde.oste et boute hors
dauec toy. toute chose qui peut nuyre et tollir
ton bon propos Deuien ainsi q̃ mort au mon
de.et le monde a toy.Ne te chaille de la gloire
du monde.nen plus que si tu eftois mort Des
prise en ta vie la chose que tu ne peuz auoir a
pres ta mort De cefte matiere parle sainct iero
me en cefte maniere O vie du monde non pas
vie Mais mort.vie faulce et decepuable. vie
meslee et admixtionnee de detresses vie vmbra
geuse et menteresse maintenât tu fleuris q̃ tan
toft tu seiches.vie fragile vie soubdaine et ca
duque O vie misable a la vraie vie contraire
q̃ tant plus croist et plus amenuise qui plus a
uant chemine et plus de la mort approche O vie
plaine de las côbien as tu en ce monde prins q̃
enlace en tes las de miserables hômes Tant tu
en as mene et maines de iour en iour aux tour
mens infernaulx Tant eft celuy benoift qui

peut tes falaces cognoiſtre.tant eſt il plus be/
noiſt qui na cure et deſpriſe tes blandiſſemēs
Et tant doibt celuÿ eſtre treſbenoiſt appelle
qui de toÿ eſt priue.et ſainct auguſtin dit. Le
monde crie ie fauldraÿ au beſoing La chair
crie/ie inferaÿ et conrrumpraÿ tout Or aduiſe
miſerable pecheur le quel tu vieulx ſuÿuir
Helas treſcher ami ſi les choſes deſſuſdictes
ne te eſmeuuent a deſpriſer et contempner le
monde/eſcoute ſainct bernard parlant de celx
qui aiment ce dolent monde Douleur paine
et trauail ſoit a ceulx eſquelx eſt preparee la
doule² des vers.lardeur des flāmes.la ſoif con
tinuelle pleurs et rechignemens des dens/orri
ble face des diables Douleur ſoit a ceulx qui
ſont au tourment ppetuel ou la mort eſt deſi/
ree de iour en iour/mais iamais elle ne viēdra
Les maleureux pech²s en leur tourment demā
dent mourir mais iames ne mourront car iceſ
ſaumēt ſeront tourmētez en horreur ſempiter/
nel o poure pecheur pēce tu point ǵlle dou
leur quelle lamentatiō ǵlz pleurs quelle tri
ſteſſe ſera adoncǵs quant le poure pecheur
ſera ſepare et mis hors de la cōpaignie des iu/
ſtes ǽquāt les miſerables et poures pecheurs
ont lubandōnes et baillez a la puiſſance des
diables ǽ ſen irōt auec culx en tourment eter²

quel les iours se consomment et passent legier
comme lombre.

De la vaine gloire.puissance.dignite hon //
neurs et richesses du monde.　　Cha.v°.

Œ tu vieulx scauoir que cest de la gloire
du mode de sa puissance dignite honeurs
et richesses/entens et escoute le pphete baruch
en son iii° chapitre/le quel demade en ceste ma
niere.Ou sont les prices des gens qui auoient
seigneurie et dnation sus les bestes de la terre
qui se iouent et esbatent es oiseaux du ciel/ ou
sont les homes qui amassent oz et argent et se
confient en leur tresoz sans auoir fin dacqrir/
ilz sont tous passez mors et extermines/ ilz sot
descenduz aux enfers et q sont venus daultres
en leur lieu q maintenat iouissent q vsent des
biens quilz ont lesse. Ou sont les grans clere
les grans ozateurs/ ou sont les grans disners
en exceix et suphabundance de viandes/ou sot
eculx qui ont mis leur plaisance a nourrir et
polir coursiers cheuaux et palefroiz/ ou sont
les papes les epereurs/les roys/les ducs/les pri
ces/les contes/marquis/barôs/nobles/bourgois
marchans/laboureurs/et gens de tou° estuz ilz
sont tous en pouldre et pourriture et des plus
grans la memoire sur leur sepulcre en peu de

lettre contenue. Va voir en leurs sepulcres z tõ
beaulx et saiches bien a dire. et a iuger au vray,
le quel est le maistre/le ql est le varlet. lesquelz
os sont du pouure. et lesqlz sont du riche. sepa
re et mect a part se tu peulz le laboureur dauec
le roy. le feble du fort/le beau du deforme g du
lait/certes tu doibz scauoir que la gloire hũai
ne de ce mõde de quelq chose qlle puisse venir
est a fuyr. Premieremẽt/car elle est tref vile de
conditiõ. Secondemẽt car elle est tref faulce en
sa promesse. Tiercement pour ce quelle est tref
fragile et vaine en sa duration. Quartemẽt la
gloire de ce mõde est a fuir pour ce q la retribu
tion en est tresmauluaise et dampnable. Ie dy
doncqs premierement que la gloire de ce mon
de est a fuir/po² tant que de sa nature elle est
tref vile. Dont il est escript au premier des ma
chabees segond cha. La gloire du monde est si
ens vers et pourriture qui au iour duy est esle
uee et mise en hault et demain on ne la treuue
point. Regarde entre les choses. quest il plus
detestable q le fiens entre les bestes. plus vil q
le ver. et puis tu diras que la gloire du monde
nest aultre chose que fiẽs et vers elle doibt estre
euitee et desprisee des hõmes. La gloire du mon
de est aĩsi que le bois pourri du ql le philosophe
ẽseigne z lexpience lespreuue q de nuyt il luist

ꝫ est plaisant/et de iour apparoist ꝗ de faict est
pourri. Quest ce aultre chose q̃ lomme plai de
vaine gloire qui en luy mesmes se mire et pr̃et
sa plaisance/fors seulement vne lumiere/ vne
clarte faincte et decepuable. q̃ les yeulx des po
ures creatures debiles enfermes et malades iu
g̃et seulem̃et regardant le dehors estre gloire
et felicite. Mais q̃nt le piteux iour du iugem̃et
viendra au q̃l dieu enluminera les choꝭ muce
es et secrettes qui sont en tenebres/et declairera
et maifestera le c̃oseil des cueurs. adõc ceulx q̃
maintenãt semblent et apparoisfl̃nt glorieulx
apparoistront a lors viles et plains de pourri
ture et du tout a deiecter et refuser c̃ome puans
ꝫ abhominables. car telz g̃es q̃ ont eu les riches
ses et puissances du monde sont semblables a
vne souriz chaulue qui en volant de nuyt re
luyst et porte lueur/et de iour se retraict et ta
pist et apparoist toute noire. Helas se les pou
ures h̃omes qui en leurs vaines richesses mec
tent leur gloire consideroient ces choses. silz pen
soient bien en leur cueur de quelle noblesse de
quelle puissance et de q̃lle dignite ilz se doib
uẽt esleuer et orgueillir q̃ ne sont fors vng pe
tit de chair puãte. la q̃lle en pou despace meurt
pourrist et retourne en cendre. q̃ pour richesses

et ozgueil les pouures defoulent et defprifent q̃
en la fin apparoiftront noirs vilz. et pourriz.
Ie ne croy point ces chofes confiderees. quilz
ne defprifaffent cõtennaffent et euffent en ab
homination la gloire tempozelle du mõde voi
ans et confiderans loppinion de fainct ierome
qui dit quil eft impoffible q̃ lomme en ce mon
de et en lautre foit ou appaire glozieulx. Secõ
dement nous debuõs fuir et leffer la gloire mõ
daine car elle eft tref fragile et neft affeuree ne
gfermee en quelconque ftabilite. mais eft faul
ce et deffectiue comme eft fumee ou vapeur et
odeur de la fleur. la fumee eft de telle nature q̃
tant plus tend et pzocede en hault de tant elle
amenuife de puiffance et de fubftance en tãt q̃
finablement en montãt en hault. tout ce g̃ fom
me g̃ efuanouift. La fleur femblablemẽt la q̃l
le en elle a grant odeur et pour vne bziefue ef
pace de temps eft en faueur et couleur noble g̃
plaifante/par pou de vent ou chaleur du fou
leil elle eft mozte g̃ defechee g̃ pert toute gloire
de faueur coule² g̃ odeur. Ainfi eft la gloire du
mõde de la quelle il eft efcript en pfaie au quart
cha. Toute chofe q̃ dieu en chair a cree eft aĩfi
cõme lerbe appellee foin g̃ tõute la gloire de la
chair eft ainfi cõme la fleur de lerbe du foin. Le
foin deuiẽt fec g̃ pert lerbe fa fle². Ainfi deuiẽt

la gloire du monde vaine et infructueuse de le
gier transitoire. Et ceulx qui aiment le mon／
de sont côme le foin le quel est sec et auorti p̄
mier quil soit hors de terre boute et crache. Po⁹
tant dit lecclesiastique toute puissance tempo
relle. toute la vie des choses corporelles est au
iourduy en duree et demain mourra et pren／
dra fin. Regarde ou est maintenant la gloire
du roy assuere le q̄l auoit ⁊ tenoit soubz sa sei
gneurie puissance et dominatiō le nombre de
six vigte ꝑuinces. Ou est la gloire du tresgrāt
roi alixandre qui toute la terre mist en sa sub
iection et obeissance. ainsi q̄l est escript au pre
mier liure des machabees. ou est maintenāt la
gloire de tout son ēpire. ou est la gloire de to⁹
les roiaulmes que il mist en son obeissance. ou
sont les princes／ leurs domiations／ leurs puis／
sances／ leurs auctoritez et seigneuries. Ne vois
tu point q̄ tant les pelerins que les hostes sont
tous passez par la fin dung soubdain iour et
hastif. Jlz ōt en vanite passe leurs iours et leᶻs
ans en cours hastif et soubdain en telle manie／
re q̄ ensemble sont ptis nest nul demeure. Car
cest chose cō mune a toute chose cree q̄ de mou／
rir／ et est la mort dé telle cōdition quelle ne re／
garde sus hōneur ne sus richesse mais est si cru

c.iii.

elle et mauluaise qlle nespergne nul son co's
est par tout le monde si cômun ⁊ sa loÿ si egal
le a tous/que elle faict le plus grant ⁊ le plus
puissant roi du monde et le plus pouure tout
vng ⁊ tout egal. car non obstant se le riche et le
puissant se nourrist en ce monde de viandes
delicatiues suiuant ses delices et voluptez. par
lesquelles son ame est deturpee et souillee en
la fin de ses ioure/il nen emportera non plus
que le plus pouure et meschant de cestuÿ mon
de. Tiercement la gloire de ce monde est a fuir
pour tant qlle est tresfaulce et decepuable et
ne tient a nulli sa pmesse. car non obstant ce.
quelle ne puisse dôner a homme du môde vng
seul moment de temps ou espace de vie elle p̃
mect aulx hômes vie pacifique puissance ⁊ seu
rete. Regr̃de q̃ est celuÿ qui se peut côparer au
grant roÿ alixandre et a la gloire quil eut au
môde/il ne perdit iamais bataille/mais souuẽt
a vaincu grant multitude de ses ennemis. il ne
assiegea oncq̃s cite quil ne pr̃sist. il ne demeu
ra au monde puince quil ne submist a sa dña
tion. Et non obstãt toute sa puissance a leure
quil cuida tout le monde en paix regir et gou
uerner. par vng petit de venin il fut contraict
de la mori a soÿ deptir de la gloire môdaine et
a delaisser tout. po³ quoÿ doncq̃s ensuis tu la

gloire de ce mõde qui en la mort ne te peut ſe/
courir.Ðe la qͤlle choſe dit. pꝛe bleſen.en vne
epitre.La gloire du mõde faulce et decepuable
gabuſe et decoipt ſes amis/ car ce qͤlle pꝛomect
poͬ le temps auenir ou quelle pꝛetent pour le
pͣnt eſt choſe de nient ſoubdain et paſſable cõ
me leaue courant. Quartemẽt la gloire mõdai
ne eſt a fuir de noͬ et a deſpͥſer car elle eſt treſ/
mauluaiſe retribntiõ/car elle ne maine anulle
gloire/mais a toute paine et confuſiõ ſempiter
nelle. Ðe la qͤlle choſe pͣle oꝛee iiii.c. en ceſte
maniere.La gloire du mõde eſt ignomenie ᵹ cõ
fuſion/la puiſſance en debilite la ſageſſe en fo
lie/lamoͬ et la dilection en tribulatiõ ᵹ paine
car iouxte la meſure et quãtite de la coulpe ba
en la fin la paine cõparee. Et poͬ tant mon ſei
gneur bͤ ierome pͣle en ceſte maniere a celx q̃
aimẽt la gloire du mõde. douleͬ et miſere ſoit a
voͬ qui voulez et voͬ luſtez daler en gloire cele
ſtielle p le chemin et p la voie de vos richeſſes
cõe il ſoit ainſi q̃ plus facile et legere choſe eſt
paſſer vng cameau p le pͤrtuis dũe eguille q̃l
neſt vng riche bõme ẽtrer au reaulme des cielx
Et poͬ pluſgrãt appͣbation note non poͥt mes
parolles mais celles de ieſucriſt diſant. Le ciel
et la terre paſſerõt ᵹ pꝛendꝛõt fin.mais mes pa

rolles demourront et seront fermes et estables
et brayes Vlulez et pleurez vous miserables et
meschans puissantz et auobliz du vent de incō
stauce fortune qui confundez et desprisez les
aultres. vous estes offusquez et aueuglez des bi
ens des vanitez et des dignitez q̄ vous auez frau
dulentemēt et malicieusement acquis en ce mō
de. Car le terme de vostre vie ha par auenture
ceste nuyt compris cōme du tirant est le filz en
enfer sans fin et sans terme deuāt les aultres
misablement tourmentez/car tout ainsi q̄ vo9
nestes pas vivans auec les hōmes continuelle
ment mourans en labeur et ne seuffrez pas seu
lement les labourās en leur labeur viure/mais
de vostre puissance les defoulez et exillez/tout
ainsi ne serez vo9 pas auec les hōmes tourmen
tez. mais le serez ppetuellemēt auecques to9 les
diables. Et de tant quen ce monde aurez eu pl9
de gloire et de liesse/de tant vous est en enfer
plus griefue paine ppareé. Et plus fort ie vo9
diray. Nostre. seigneur esleut en ce monde. xii.
appostres/desqlz ny auoit de noble lignee fors
vng seul cestassauoir sainct berthelemy et vng
riche cestassauoir sainct mathieu. Et to9 les aul
tres estoient poures pescheurs et viuās en pai
ne et en trauail de leurs corps. Or puis q̄ ainsi
dieu est vray iuste et que toute chose pcede de

sa bouche est vraye et pure verite a grãt paine
desnobles des riches q puissans en ce mõde peut
on trouʒr vng cõuenable digne de election sa∫
lutaire/mais assez en peut on trouuer qui sont
propʒes et cõuenables au ∫uice de dãpnation
eternelle.et eh pou de temps eʒ ʒfer recepuront
leuʒ salaire. Et se par aduenture aulcun offus∫
que et aueugle de vraie lumiere ∫e telles parol
les sesmerueilloit q me vouloit ĩterroger. ie lui
respondʒoie en telle maniere. Ne croions no⁹
pas q̃ pour vng peche moʒtel lõme est dãpne.
Loʒs me pourroit respondʒe oũʒ. p quoʒ pour
roʒe conclure q̃ ses choses q̃siderees de cent mil∫
le a paine en peut auoir vng saulue. Mais au
tre chose est du riche nourri en delices/ et du po
ure nourri du vent de famine. car le riche nest
aultre chose que vng vaiʃʃeau plaĩ de tous peʒ
chez vaiʃʃeau poueri rempli dʒgueil plaĩ de lu
xure et dauarice.et pʒicipallement aulx riches
aulx puiʃʃans et aulx nobles reʒnẽt tous peʒ
chez et maledictiõ.et sont et doibuent estre ap
pellés larrõs car violentemẽt dlz desrobent et ẽ
blent aux poures leuʒ salaire et leʒ substance
et defoulent et mectent a moʒt ceulx d̃lz deuʒ
sent substãter et nourrir des biẽs q̃ la maisõ de
dieu tout puiʃʃant a dõnez poʒ les poures adʒ
miʃtrer q souftenir ctainemẽt les meschãs q mi

serables pecheurs qui en leur seule richesse ont
et prennent leur felicite qui la supfluite de le⁹
bestemens deburoiēt aux poures eslargir ilz
la mectēt & eslargissent sur eulx mesmes a leur
ruine dāpnement et confusion. Helas ilz boi
ent les poures membres de Iesucrist nuz & des
pourueuz mourir de fain de soif et ilz nen tien
nent compte/mais mectent les tresors des pou
ures cestassauoir la superfluite & suphabundā
ce de leurs richesses en sumptueulx edifices et
grās palais gstituer.pour et affin q̃ aux ẏeulx
des hōmes mortelz puissent cōplaire et estre re
gardez.Helas ilz prēnent leurs plaisirs et feli
citez a faire et a p̃parer aux aultres riches grās
diners combles et fournis de biandes diuerses
pour ēplir leur bentre et assouyr leurs charoi
gnes des delices du mōde et ilz nont pitie miẜi
corde ne cōpassion des poures q̃lz boient en la
place deuāt leur huis mourir de fai.Θ poure
et miẜable creature q̃st ce aultre chose que tout
peche telle bie dāpnable considere et pēce que
tout aussi tost q̃ le bentre est plain de si grāde
habundāce de biandes la faulce mauldicte et
dāpnable luxure est p̃sente a la porte po⁹ toy
attraire a mort eternelleQue beulx tu plus q̃
ie te die de telles gēs qui aux hōneurs & richeẜ
du mōde passent leurs io⁹s. Certes toutes les

langues des hômes mortelz ne sauroient dire
ne exprimer les enormes maulx et peches qlz
cômectent. car il ne leur souuient de dieu ne de
la mort si nô par aduêture en dormêt ou en son
ge Certes celui legieremt trebuche en peche q ne
pêce poît estre mortel et ne cognoist dieu estre
son iuge. Trop est celui foul et ignorât qui de
ces choses na memoire et q ne fuyt les temptaꞏ
tiôs diaboliques en les bilipendât. Et pour la
verite dire ie croi fermemêt silz auoient cogno
issance de dieu leur createur et qlz se cogneusꞏ
sent estre mortelz ilz ne offenseroiêt point dieu
par peche au mains si grefuemêt ne en si grât
hardiesse. Helas q bont faire telz meschans peꞏ
cheurs aulx eglises et lieu de deuotiô. Certaine
ment ilz bôt pour boir et regarder en peche la
fourme et la beaulte des fames quant ilz doibꞏ
uent pêcer a dieu et a leur sauluement Leur
pêcee et cogitation est. côment ilz pourront na
ger sus la mer/cheminer sus la terre pour amas
ser et assembler pour eulx et leurs enfans treꞏ
sors et richesses môdaines. Ilz pêcent commêt
ilz se pourront bestir et parer leurs corps de be
stemens precieulx et au môde plaisans côment
ilz pourront faire ieux diuers tournois es baz
preparer biandes delicatiues pour complaire
a leurs consors et sodaulx pour auoir et amas

ser fames pour faire et acomplir la concupiſcē
ce de leur mauldict deſir charnel. O poures pē
cheurs bous ignorez que bo⁹ faictes. Helas bo⁹
deſtruiſez le corps dauant le temps de ſes io⁹s
et mectez a mort lame. De quoy pencez bous q̃
bienent tant de behementes maladies et mort
ſoubdaine fors de la trop grāde habundance ꝗ
exces de biandes et la mauldicte frequentatiō
des fames. Wous pencez de bous iouer de dieu
et bous abuſez bouſmeſmes. Wo⁹ oubliez lame
pour obeir au corps/ et en ce faiſant deſtruiſez
et corrompez corps ꝗ ame p̃mier que temps en
ſoitEt pour tant gaudiſſez chātez ꝗ bous eſiou
ÿſſez en ſi peu de briefue eſpace de temps q̃bo⁹
auez. Car apres boſtre briefue ioie biendra le
temps quil bous guiendra en tourment et lan
gueur eternel pleurer et languir ſans fin. Be
uez mengez beſtez bous de diuers habits en les
chaugent ſouuenteſſoiz/affin q̃ boſtre nobleſ
ſe ne ſoit abeſſee et que nulz moetelz en honneʳ
ou dignite bo⁹ excedent/ꝗ en Ꝫfer en honte ꝗ cō
fuſion hez receups. Ou ſerōt lors bos grans diſ
ners.ou hont les biandes delicatiues et p̃cieuſ
Ou ſerōt les bins aromatiq̃s confictz et ſaueʳs
de diuerſes eſpices. Mengez maintenāt et bous
endurez/car apres la mort ne le pourrez plus
faire.mais hez en enfer auec le mauluais riche

qui de iour en iour viuoit en ses delices.₇ la de
manderez vne seule goucte deaue pour voftre
ardeur refroidir.et ne la pourrez auoir ne ob//
tenir. Faictes operations mauluaifes et femez
en corruption et en maledictiõ cuildrez voftre
femence au iour du iugemẽt quant il vo⁹ fera
dit. Allez mauldicts pecheurs au feu de eter//
nelle dãpnation q̃ eft au diable et a fes anges
appareille.Helas cueur plus dur que la pierre.
veulx tu attendre ce io³ fi terrible et fi horrible
au quel ne fauldra pas feulement rendre conte
des luxures des beftemẽs des ebrietez ₇ gourmã
difes.mais auecq̃s ce te conuiendra raifon ren//
dre de chacune vaine parolle.O pecheur mifa
ble pour quoy ne tamendes tu pour quoy tar
des tu de io³ en iour a toy conuertir a dieu. La
mort eft pres qui de iour et de nuyt court apres
toy pour tabattre.Le diable eft aupres de toy
tout preft de toy receuoir.Tes richeffes te faul
dront au befoing.Les vers attendent ta charoi
gne que tu nourris fi cheremẽt. pour la deuo//
rer et ronger iufq̃s a ce quelle foit apres le iour
du iugemẽt conioincte a lame pour eternelle
paine fouffrir enfemble. O pnure abufee cre//
ature tu quiers et efperes trouuer parmy les va
nitez de ce mõde gloire.foulas.richeffes infinies
et ilz ny font pas. Mais fi tu veulx trouuer

gloire trefor foulas et felicite perpetuellement
laboure en deligence daquerir le royaulme ce
leftiel.　　　Car la tu trouueras ioie infinie
la quelle oucqnes oeil ne bit. ozeille ne ouit
ne cueur dôme ne fceut comprendre la pareille
Or leffe doncques les chofes baines et caduôs
ĝ par bng foubdain mouuement fe paffent af
fin ĝ puiffes auoir les biês de la felicite et gloi
re eternelle. Helas ĝ fera ce de ceulx ĝ pour la
mour de dieu ne po² crainte de mozt ne de tour
mês ne deleffent point leurs peckes. mais font
triftes et defplaifans quilz ne peuêt a leur bou
lente et defir mener bie plus mauldicte et a di
eu defplaifante. O miferable gêt doleur fus dou
leur foit a bous qui ries et bo⁹ efouiffes en ce
dolent môde. car apres en ãgoiffe ℓ doleur pleu
reres lermes de etrnelle trifteffe. Jl bous refte
encoz bng petit de temps êploies bous ℓ emplif
fez la mefure de bos miferes et malices. affin ĝ
lindignation diuine biegne et defcende fus bo⁹
Paracheuez en boftre petit de temps bos ieux
bos exceix bos dances bos purogneries. ne lef
fez point en bain paffer le temps. Affemblez a
bos enfans hôneurs richeffes ℓ puiffances aug
mentez et accroiffez boftre nobleffe et renômee
affin que bos enfans puiffent boftre bie enfui
uir et auecques bous perpetuellement eftre dã

pnez. Mais par auenture aulcun pourra dire
en ceste maniere. Dieu est bening et misericor/
dieulx et recoipt tout pechez qui a luÿ se retour
ne. Je gsesse quil est vraÿ et non pas seulemēt
bening mais plus bening que nul ne pourroit
pencer. et pardōne a chacun q̃ a luÿ se guertist
Helas nest pas dieu tresbening qui tant de in
iures endure et seuffre des pecheurs en leur dō
nant temps et espace de soÿ corriger et amen/
der. Mais dune chose te veil auertir cest q̃ tant
que dieu est piteable et miscicors en souffrāt et
endurant dn pecheur de tant est il iuste en pu
gnissant les maulx et les ĩiquitez. Et de rechef
pourra vng aultre dire que lōme qui p longue
espace de temps a vescu et en ses iours na faict
nul bien ou se il en a faict cest bien pou et tou
tesfois en larticle de la mort il prendra penitē
ce et de dieu pardon obtiendra de ses messaictz
O solle et vaine cogitation et dāpnable esperā
ce nactens pas a toÿ cōuertir a ce besoing dan
gereux. car de cent mille hōmes q̃ ont mene vie
mauluaise a paĩe pourra vng seul ēuers dieu
grace et pdon acq̃rir. Helas q̃l don q̃lle grace.
quelle miscicorde peut a dieu demāder lōme en
gendre et nourri en peche. q̃ iamais selon dieu
ne vesquit q̃ iamais dieu ne cogneut ne de luÿ
voulut ouÿr pler. qui iamais son peche ne reco/

gneut et ne ſcait que ceſt que penitẽce ſe en dor
ment ne la cognoiſt.Quelle grace peut a dieu
demander lõme enlace et noue de ſeculiers ne
goces le quel inceſſaument pence es enfans ꝗl
delaiſſe dune part.la maladie le gtraint et op
preſſe daultre.les richeſſes et biens tẽpolelz ꝗl
regarde et leſſe au monde.Quelle douleur ꝗ̃
le triſteſſe luẏ peut le cueur toucher ꝗ̃t il boit
que du bien de tout ſon eſperance il eſt perpe
tuellemẽt priue et ne luẏ peut au beſoing ſe
courir baine et de pou de baleur luẏ ha la pe
nitence quil prendra adoncꝗs.car ſil eſpoit ſan
te il nen demanderoit point.et po² briefue con
cluſion celui qui en ſa force ꝇ ieuneſſe ne crait
point offencer dieu.a paine deſiruira en ſa fin
auoir indulgence.Quelle peut eſtre la penitẽ
que lõme prent quant il boit et ſe iuge ꝗ plus
nẏa de ſes iours en ce monde et ſe de maladie
retournoit en ſente et gualeſcenee il ſeroit pl̃
mauluais que deuãt et en effect ien cognois ꝗ
eſperans leurs iours eſtre a fin.demandoient a
dieu penitence et miſiricorde et aps retournoẏẽt
en ſante de corps et empiroẏẽt de bie.Et pour
berite ainſi ꝗ dit mon ſeigneur ſaict ierome.Ie
tien et afferme ꝑ pluſeurs experiences on le co
gnoiſt que celx finent mauluaiſemt leurs io²s
ꞯui tout leur temps ont mene mauluaiſe bie.

pour lefquelles chofes trefcher ami entens con
fidere et note en ton cueur les chofes deffuf dic
tes contêne et defprife le monde la vaine gloire
et fes caduqs richeffes pour lonneur de celui q̃
eft fur toutes chofes. Helas cõbien peut proufi
ter a lôme tout le monde gaigner et fouffrir la
perdition et deftruiment de fon ame. Recorde
toy q̃ tu es homme et q̃ lonneur de ce mõde eft
empefchemêt de grace/et qui pire eft perêtoze p
dition de falut eternel. Le quel auõs nous leu
partir des delices de ce mõde icy et êtrer en gloi
re eternelle. O q̃ la gloire de ce monde eft faul
ce et vaine la quelle les hômes demandêt enfê
ble a ilz ne querent pas la gloire du ciel qui de
dieu eft feulement acquife et de celuy feul dõ
nec. Se lôme veult eftre aux aultres pfere et a
noir fus les aultres domiatiõ et feigneurie neft
il pas femblable au pmier ange qui dit. ie me
ctray mon fiege en aquilon et feray femblable
au fonnerai. Oz fe donne de grãde lozguilleux
que celni a qui eft le hault fiege ne le face deua
ler et choir en ruine mifable. Et pour tant dit
mon feigneur fainct auguftin. O que celui eft
bien eureux et benoift qui mect fon feul defir
en la gloire eternelle/q̃ ne fefiouyft ne eflicue
de profperite ne dauerfite ne fe trouble ou abf
f. i.

se qui na rien en ce mõde quil aỹme ou tiegne
cher quil doubte ou craigne. Et a bien tout pẽ
cer et cõfiderer la gloire de ce monde neſt riẽ
fors vng petit de vent paſſant par les ozeilles
O pouure meſchant dolent et miſerable pecheꝛ
regarde combiẽ tu es aueugle ſi tu demandes
et appꝛtes la gloire de ce ſiecle. Car ainſi q̃ dit
le docteur anſelmus.Tu ne peuz eſtre au mon
de en hõneur ſans paine et ſans labeur.tu ne
peulz eſtre en pꝛelation ſans enuie et turbatiõ
et ſi ne peulz eſtre en honneur ou dignite ſans
vaine gloire.Et pour tant ſe tu veulx fuir et e
uiter le danger et peril au quel tu encours en
deſiꝛãt et appetant lonneur tempoꝛel et la gloi
re de ce monde ſans doubte il eſt a toỹ neceſſai
re leſſer et du tout fuir et renoncer les vanites
et gloire vaine de ce miſerable ſiecle.

Cõment lon doibt touſio⁹s et en chacun liẽ
eu craindꝛe et actendꝛe la mozt.   C. vi°.

Ecoꝛde toỹ ſouuent q̃ la mozt tenſuit et
quelle ne tarde poĩt.Car il eſt eſcript en
ecclefiaſtique xiiii° cha. que moult confere a lõ
me et a ſon ſalut lui eſt pfitable la frequente
meditatiõ⁊ memoire de la mozt/la q̃lle choſe eſt
declaree en pluſeurs lieux de la ſaincte eſcrip
ture et de quoi dit lecclefiaſtique a celuỹ meſ/
mes propos. Remẽbꝛe et recorde les choſes der

raines. Ceſt a dire la mort/la gloire de padis
z la paine denfer/et tu ne feras iamais ou com
mectras peche. Et a ce ppos dit mon ſeigneur
ſainct bernard/ḡ la ſouueraine felicite eſt la pē
cee cōtinuelle de la mozt. car ſi lōme touſiours
et en chacun lieu pozte auec lui le remozs z la
ſouuenāce de la mozt/iamais peche ne fera. Et
mon ſeigneur ſainct auguſtin ce cōfermant dit
ḡl neſt choſe qui tant reuoque et retire lōme de
peche/que la frequēte pncee de la mozt. car ceſt
la choſe qui faict plus lōme humilier/deſprizer
toutes choſes et faire et accepter penitence. po͛
tant dit ſainct ierome. Celui legeremēt deſpri/
ſe toutes choſes/qui ſe iuge moztel. car celui deſ
prize pmierement la cōcupiſcence de ſes ieux/ḡ
cōſidere que ſoubdain tout conuiēt delaiſſer/ce/
lui deſprize la cōcupiſcence de la chair/qui bien
conſidere ḡ ſon propze cozps en pouure inſtant
de temps ſera viande aux vers. et celui deſprize
lozgueil de ceſte preſente vie qui conſidere en
ſon cueur ḡ celui qui veult en ce mōde les aul/
tres dominer et ſuppediter eſt en peu deſpace de
temps mis et boute en terre deſſoubz les piez
des aultres. Helas a ma voulente fuſt que les
rois et les princes eutendiſſent et cōſideraſſent
comment piteuſement leur conuiendza leſſer
f.ii.

les richesses et la gloire de ce monde/et leur cō
uiendra desloger de si hault et si adorne palais
pour estre portez et logez en vng vil sepulcre
tāt bas si ort et si estroit. Il leur cōuiendra les
ser leurs palais tant clers tāt luisans et resplē
dissans. pour entrer en vng sepulcre tant hor
rible et obscur. Ilz lesseront en douleur et tri
stesse ses palais et maisons painctz dymaiges
et de fleurs/cōbles et rempliz de tous biens pō
loger le dolent corps dedans vng sepulcre pu
ant et plain de pourriture. vuide de toute ioye
plain de toute misere. vuide denfans de serui
teurs et de famille. Helas ou sera a lors la pō
pe et lorgueil du tēps passe/la multitude de p
uiteurs qui couroient apes eulx ou seront les ve
stemens riches et resplēdissans. Certainement
celui qui en telles felicitez. et gloire mondaine
biuoit et passoit hier ioieusemēt ses iours en sō
riche palais z au iourduy au sepulcre de la ver
mine dolozeusemēt ronge et tout de vers mēge
De quoi parle pape innocent en ceste manie
re. Helas mes freres entendez et regardez. voꝰ
voiez celuy qui na gueres viuoit en sa maison
noble riche et puissant estre soubdainemēt pou
ure et nu de tous biens au sepulcre porte. vous
voies celuy qui tant beau tant plaisant trium
phoit en la sale estre hideux desfourme et defi

faict en terre foubz la tombe. Et celuy qui na
gueres a fa table mengoit et bruoit viandes de
licieufes q vins aromatiques eft au fepulcre des
bers menge et côfomme. Et a ce propos fembla
blement efcript pierres damian plant de la me
moire de la mort en vne epitre quil enuoie a
vne conteffe. O dieu tout puiffant côbien il eft
a pencer et recorder fouuêt la doule² et la crai
te amere q feuffre et fouftiêt la poure ame pche
reffe quât elle boit et cognoift q ce monde luy
fault leffer et du lieu de la chair eftre feparee.
helas tant elle eft de mordâs et poignans ef/
guillons laceree et tourmentee quât elle fe re/
corde et auife des pechez quelle a cômis en ce
môde.elle boit les commandemens de dieu lefqlz
par fa negligence elle a deleffez et defprifez et
failli dacomplir.elle plaint et pleure le temps
q lui eftoit octroye et donne pour faire penitê
ce.elle pleure et craict la deftroicte vengêce du
iugement ireuocable quelle boit apparoiftre.el
le eft côtraincte de leffer le corps elle boufift a
doncqs reparer les faultes du têps paffe mais
plus nya de terme q ny peut eftre ouye elle re
garde derriere foy le temps de la vie mortelle
que elle a paffe et chemine et il ne luy femble
fors vng petit chemi vne foudaine courfe vng

passaige leger.elle pleure adoncques dauoir per
du en si petit de temps ꝗ en si briefue espace la
mour de tous les saincts et pour si pou de ioye
trãsitoire la ioye ꝗ la doulce² degloire ꝑꝑtuelle
elle a hõte et vergoigne dauoir obey a la charoi
gne qui des vers doibt estre mengee pour auoir
soymesmes desprisee ꝗ a la cõpaignie des ãges
debuoit estre presentee.elle cõsidere et contẽple
a celle heure les richesses la vaite des riches mor
telz par lesꝗlles elle est en pdition.Elle pleu
re et se esmerueille dauoir perdu la clarte sou
ueraine/car elle cognoist ꝗ ce quelle amoit en
ce monde nest ꝗ tenebrosite.a celle heure et en
ceste cõtemplation doloreuse les yeulx cõmen
cent a troubler et a tourner en la teste. La poi
ctrine commence a trembler et a batre. Le gou
sier est enroe et iecte courte alaine.Lesdẽs deui
enent noires.La bouche et les lebures mortif
sent et deuienent palles. tous les membres ẽru
dissent et deuienent roides.les nerfs et les vaies
du cueur rompent.le cueur est rõpu et tranche
de douleur.Et auec tous ses signes qui sont ꝑ
chains voisins de la mort. Le presenteront les
maulx.les horribles pechez portans fauls tes
moignaiges contre la pouure ame. Deuãt ses
yeulx se psentera la compaignie des diables.
Et a celuy qui en ce mõde aura misꝑicorde des

serui viendra labertu angelique doulcement le
consolent et asseurant.Mais la pouure ame pe
cheresse viendra de la pt senestre/le diable luy
presenter la puante² la difformite intollerable
de ses pechez.Adonc sera lame dolente.espouen
tee effroyee et esterrie et violentemēt perturbee
e precipitee.Elle est cōtrainte vehementement
de saillir hors de la chair miserable.Adonc viēt
la pouure ame qui du corps se depart et sen va
sur le coupeau de la teste et en regardāt dune
part et daultre se dampnee doibt estre elle mai
ne lamentable deul et tristesse miserable en di
sant a part a elle mesmes.O faulce mauldicte
et misable ame de pecheur excōmunie/larron /
adultere/fornicateur piure et vsurier.Et en ces
parolles disant elle regarde son vestemēt plus
noir q̄ plume de corbeau/le quel elle auoit apor
te des saincts fons de baptesme si cler/ si blanc
si reluisant et sans macule.Et adoncq̄s elle mi/
serablement et en pleurant sescrie. Helas qui
est celuy q̄ mon vestemēt tant beau tāt p̄cieux
ma change.Helas il estoit pl⁹ blanc q̄ la nege
plus cler q̄ le cristal/e maintenāt il est macule
e souille plus noir q̄ le corbeau. A celle dolēte
claine² sapparoist a elle le mauluais sathanas
q̄ en ce mōde la seduite e gouuernee e lui dit en

ceſte maniere. O mõ ame et mamẏe ne teſmer/
ueille point/car ie ſuis celui q̃ ce ueſtement icẏ
taẏ appareille/pren confozt car tu nes pas ſeu
le/mais es acõpaignee de la plus part du mõde
Loze dira lame dolente. Qui es tu qui parles a
moẏ. Et le diable reſpondza¹. Je taẏ ia dit que
ie ſuis celuẏ qui le ueſtemẽt dont tu es ueſtue
taẏ appareille. Je taẏ mõſtre au mõde ma uo/
ẏe et mon chemĩ et en toutes choſ tu mas creu
et obeẏ/et auecmoẏ as laboure. Tu as faict et a
cõpli tout mon gſeil/et pour tant viendzas tu ꝫ
habiteras auec moẏ au ropaulme au q̃l eſt ꝫ
ha ꝑpetuellemẽt triſteſſe ſans ioẏe/faim ſãs ui
ande/ſoif ſans beuraige/tenebzes ſans lumiere
putrefactiõ et puante² ſans nulle bõne odeur.
donleur ſans gſolatiõ pleurs ſans remede/noẏ
ſes ꝫ exclamatiõs piteuſes ſans nulle ſilẽce.ule
menes ſans ioẏe et ſans modulatiõ/ feu ardant
ſans refrigeration/uent ſans tranquilite/ froit
ſans atrẽpence ne moiẽ chaleur ſans fin/ꝫ tout
mal ſãs eſpece de bien. Et po² tãt mamẏe lieue
toi ꝫten uiẽ auec moẏ. uez ci les ãges denfer q̃
te thanterõt chanſons de douleur ꝫ de triſteſſes
treſameres. Et adoncq̃s de lautre partie a elle a
paroiſtra le bon ãge/au q̃l elle auoit eſte bail
lee de dieu et lui dira en ceſte maiere. benoiſtz
et beneurez ſoiẽt ceulx q̃ en ce monde ſuient et

euitēt ce beſtemēt treſoꝛt et treſmauldict.☉ ma
leureuſe ame du diable.o mauldicte creature ꝗ
du dieu tout puiſſant es mauldicte. iaꝉ au mō
de aues toꝉ faict demeure et tu ne mas poīt beu
ie taꝉ enſeignee et tu ne mas boulu entendre.
Je taꝉdōne conſeil et tu ne mas boulu ouꝉ. ꝗ
pour tant ꝟu aux mains des diables au lieu de
tourmēs ꝑpetuelz qui a toꝉ eſt ꝑpare et appa
reille. car pour tes mauldictes operations tu es
ia cōdempnee. Helas qui peult adōc pencer ne
expliquer lamere cōpaignie des diables/guetās
et fremiſſans de deul ſōurdās de toutes pars et
poꝛtans dars ꝗ gleſues infernaux ꝑ leſꝗlz la po
ure ame maleureuſe eſt pꝛiſe et menee aux toꝛ
mens luꝉ diſant. ☉ chetiue et dolente tāt tu as
eſte oꝛguilleuſe iuſques a maintenāt. o tant tu
as beſcu delicieuſemēt. o tant tu as eſte beſtue
de diuers riches et ꝑcieux habits. o que tu as eſte
au mōde foꝛte belle et eureuſe. oꝛ nous di main
tenant pour quoi ne mengues tu. que nes tu be
ſtue richement/pour quoꝉ nas tu ꝓſent cure ꝗ
ſoucꝉ de tes richeſſes/pour quoꝉ ne te conſoles
tu maintenant auec ta fame et tes enfans ꝗ a⁊
mis. pour quoi ne teſiouꝉs tu et ples auec eulx
et apꝛes ſes polles la pouure ame triſte et miſ
able en pleurs ꝗ lamētations mauldit le coꝛps
diſant en ceſte maniere. ☉ tēple du dꝝable tes

eupures et mauldictes operations mont polue
et fouillee.o mauldicte terre /o habitation de fa
thanas/lieue toy toft et vié auec moy fi berras
les lieux de tourmens qui p toy me font appa
reillez.aulx qlz ie feray fans repos/iufques au
iour du iugemét et apres celuy iour bas auec
moy en eternelle dápnation.o tant font mau
ditz tes ieux q̃ nont boulu boir la lumiere de be
rite/et la boye de la iuftice de dieu/maulditz fo
ient tes ozeilles q̃ nont boulu ouir les parolles
de la bie eternelle/mauldictz foiét tes narines
qui nôt boulu recepuoir lodeur des faictes ber
tuz/mauldictes foient tes lebures et ta langue
qui nont boulu goufter les ioyes de la gloire
eternelle/et qui nôt boulu exprimer les ioies de
la gloire celeftielle/ teq̃ nontboulu ouurir lu
ie de louãge a lonneur et exaltatiô de leur cre
ateur/ mauldictes foient tes mains q̃nt par el/
les nont efte aux pouures les aulmofnes don/
nees et prefentees/mauldictes foiét de ton cueˀ
les entrailles car ilz ont en ce monde donne et
boute hoze et mains faulx et mauluais confeil
mauldictz foiét tes piez q̃ de leglife de dieu nôt
point les fentiers bifitez.mauldictz foient tous
tes mébles et tas opations. car ilz non poit de
fire ne attraict a eulx la ioie des cieulx mais ôt
pzins efleu et accepte les tourmés eternelz. Oz

considere cher ami de combien grant peril deli
urer tu te peuz a quelle grant crainte fuir se en
ce monde tu es craintif et de la mort songeulx
et doubtable. estudie en ce monde tellement bi
ure q̃ a leure de la mort tu aies cause de plus te
esiouir q̃ de craindre. apren a mourir en ce mõ
de affin que tu cõmences a biure auec iesucrist
apren maintenãt a desprifer toutes chofes affi
q̃ tu puiffes auec iesucrist toi haster en la gloi
re. Chastie en ce monde ton corps p penitence
affin que apres ta mort tu aies certaine et seu
re cõfidence. o que celui est eureux et prudent/
q̃ prent paine et feffozce destre tel en la bie. q̃l
beult et desire estre trouue aps sa mort. Helas
fai doncques et pourchace a ton pouoir tõ salut
tant que tu as espace. car tu ne sceiz quant tu
mourras. et si ne sceiz q̃ tu trouueras apres. Ne
te confie point a tes amis ne a tes parens. car
certainemẽt ilz te aurõt mis en oubli pluftoft
que tu ne pences. si tu nas maintenant cure et
solicitude de toy̆. qui la prendra pour toy̆ aps
ta mort. Helas il bault mieulx en ce monde la
ftiuemẽt pouruoir afes affaires et aulcun bien
faire de foy̆mefmes. q̃ auoir efperance et atten
te au fecours ou aide daultruy̆. tant cõme tu as
efpace affemble richef p̃ imortelles p largeffe de
aulmofne. fai et acquier en ce mõde les honora

bles amys/ cestassauoir les saincts de paradis
affin que par tes bi♦ffaictz ilz te recoipuẽt en
la gloire des cieulx. Car cõme dit mon seigne♦
sainct gregoire. nous debuõs bien mectre no/
stre cure et quotidianement en pleurs et en ler
mes pencer cõbien le cruel prince de ce monde
a leure du trespas nous demãdera de nos eup
ures compte rendre. Et mon seigneur saict ber
nard dit. O mon ame quelle sera la crainte ♦la
peur quãt il te conuiẽdra lesser toutes les choß
desquelles la presence te semble et est tant ioy/
euse et le regard tant agreable. et toute seule de
meuree ten yras et entreras en vne regiõ inco
gneue. et verras alencontre de toi venir les cor
nuz monstras hideux. qui est ce qui te viendra
secourir au iour de celle grande necessite. qui
te gardera des lions rongeans pparez a la viã
de lozene te pourra nul dõner confort ne gsola
tion mais aultremẽt sera des ames des iustes.
car les saicts anges viendront alencõtre. q̃ les
diables regecterõt et gtraindrõt affin q̃ les sain
ctes ames ne puissent ẽpescher. et icell en ioye
♦ melodie aux cieulx les porterõt. Mõ seigne♦
saict bernard plãt de lame pecheresse dit en ce/
ste maiere/q̃ a lissue du corps el a cralte ♦ hor/
re♦ au passer hõte et au regard de la gloire du
gãt dieu gfnsiõ. de quoi dit le psalmi. La mort

des pecheurs est tresmauluaise. Elle est maul/
uaise en la perte du monde. Elle est pire a la se
paration de lame et du corps. Elle est tresmau
uaise pour la morseure de la puãte vermine et
pour lardeur et bruslemẽt de feu perdurable.
Et qui plus mauluaise chose est cest la perte et
la separatiõ de ꝯtemplation diuine. pour lesꝗl
les choses trescher ami cõsidere que la mort ne
peut faillir ne decliner son heure ne peut estre
sceue ne inuestigee et le temps de dieu ordonne
ne se peut muer. et certainement quant la vie
seure est desiree et en deuotiõ acceptee la mort
du iuste est bõne pour cause de repos meilleu
re po² la nouite. et tresbonne pour lasseurãce.
Des ioies de padis et des paines dẽfer. ꝭ. viiͤ
    L est escript par mon seigneur sainct pol
    en lepitre quil ẽuoye aux corinthiens au
vͤ. chapitre. que lueil na point veu/loreille na
point ouy/ne au cueur de lõme iamais nentra
on monta les choses ꝗ nostre seigneur dieu a ꝑ
pares a ses amys. O pouure et dolente ame pe
cheresse pour et affin que tu puisses despͥser et
viles tenir toutes les choͫ ꝗ sõt en terre. Entẽ
et cõsidere diligentemẽt quelles et cõbien gran
des sont les choͫ ꝗ sont appeillees aux esleuz
et amis de dieu. Car ẽtes tu doibs sauoir ꝗ aux
cieulx ya tãt de ioies ꝗ les arithmeticiẽs en leͬs

nombres ne les peuent nombrer ne caculer/tous
les geometries ne les scaiuent mesurer/tous gra
moiriens et rhetoriciens en leurs sermõs ne les
peuent expliquer. Car ainsi quil est dit deuãt
leueil na point veu/lozeille na point ouÿ. etc̃
Certainemẽt en la gloire eternelle tous les saictz
se esiouÿront sus eulx de la vision de dieu de
dans eulx de la beaulte du ciel & de aultres cre
atures spirituelles. entre eulx de la glozificatiõ
du cozps. Et iouxte eulx de lassociation des an
ges et des hõmes. On y vaillant docteur ansel
me mect et declaire sept dons de lame q̃ les iu
stes auront en la beatitude celestielle. premie
rement il mect les biens du cozps qui sont be
aulte velocite fozce liberalite sante volupte. De
la beaulte dit icelui docteur q̃ la beaulie des iu
stes sera semblable au souleil/sept fois plus cler
resplendissant quil nest maintenãt/la q̃lle cho
se tesmoigne lescripture ou il est escript. les iu
stes resplendiront cõme le souleil au reaulme
de leur pere. velocite les iustes tellement acom
paignera q̃ aux anges de dieu semblables lesfe
ra qui des cieulx en la terre et de la terre es ci
eulx plus leger et soubdain q̃ mouuement de
doÿ vont et se transpoztent. De la quelle velo
cite peut estre exẽple familiere veue par le raÿ
on du souleil le quel tantost le souleil lieue en

la partie oriental atainct et atouche le derrain
de la plaie et partie occidental. Et par experiẽ
ce pouon nous sauoir et cognoistre nostre fu
ture velocite cõme il soit ainsi que aux choses q̃
ont ames soit et doibt estre plus grant velocite
que aux aultres car en force ẽ vertu ceulx q̃ en
la compaignie des souuerains citoyens seront
acompaignez excederõt et passeront to⁹ autres
soit en mouuẽt en tournant ou en aultre acti
on faisant ẽ en toutes leurs opations excersãt
nen plus de paine de trauail ou labeur souffre
ront que nous souffron maintenãt au mouue
ment de nos yeulx. Et pour tant ie te prie que
en ta pouure ame ne excede la similitude de lã
ge que de dieu elle acquiert et aporouuon no//
stre valeur aux choses ausquelles des anges sẽ
blable puissance no⁹ est dõnee affin que le² as
seurãce et liberte necessairemẽt puisson ẽfutuis
Car ẽtainemẽt tout aisi que aux ãges riẽq̃ soit
aumõde ne peut nuire ne les ẽpescher ou gtrain
dre q̃ a le² vouloir et liberal arbitre ilz ne pene
trẽt toutes chos/tout aisi ni aura obstacle nul
q̃ nous retarde/ne clousture qui no⁹ detiẽne ne
clement q̃ a nostre vouloir tant soit petit obsis
ste ou puisse nuire. Et quãt a parler de la san
te quelle chose il est meilleure q̃ le salut et re/
pos des iustes. Quelle maladie pourra nuyre a

ceulx qui seront au port de bray salut. Et en effect no debuons croire indubitablemēt et tenir et affermer la sante de la vie future estre si noble si incorruptible et īmuable quelle rēplisse lōme dune sante insuperable et dūe doulceur inenarrable q̄ toute lesion suspecōneuse contraigne et baille repeller. Itē en la vie future il ya vne volupte de delices q̄ ressasie et ensure les bons et de sa doulceur iestimable tous les assouȳza en chacūe partie du corps/cestassauoir tous les yeulx. les oreilles/les narines/la bouche. les mains. les piez. le gousier. le cueur le gesier. le poulmō. les os la mouelle. les ētrāiles. en tant q̄ tous les membres par ordre sinhulieremēt et tous ēsemble seront rempliz de dilectiō innombrable/et de doulceur iestimable en telle maniere q̄ chacun sera de sa fruitiō de gloire eternelle rempli et ressasie. Par quoȳ celui est biē de son salut ignorant/q̄ veult bouter sa pencee son cueur son affectiō a plus haulte gloire paruenir et pēcer entrer. Par apres et oultre toutes ces choses ceulx q̄ seront en gloire etnelle auront vie pdurable. Et non pas seulemēt vie que les humains appetent/ mais aurōt vie telle cōme il est escript Cest assauoir que les iustes biuront auec nostre seigneur dieu le createur et auec tous ses saincts en padis eternelle

ment.pluſeurs aultres choſes ſont et doibuent
eſtre adiouxtes qui plus affierent et côulenent
a lame que dieu a cree tant noblement que au
corps ceſt aſſauoir amitie.ſapience concorde.pu
iſſance.bonneur.aſſeurance.et ioẏe. Et pmiere
ment ſapience ſera telle en la bie aduenir ꝗ la
me ſaura toutes choſes quelle bouldra ſauoir
par la dotation du dieu tout puiſſant le quel
ſcait toutes choſes pſentes paſſees et aduenir.
Car en celle gloire ſingulieremt ſont cogneuz
de tous les bngs des aultres. Et ne pourra a⸗
donc nul celer ou taire de quel paẏs et de ꝗlle
gent et de ꝗlle lignee.ꝛe ꝗl lieu ou de ꝗllesopa
tiôs il a faict et excerce en ſa bie en telle manie
re ꝗ p amitie la dinine puiſſance p ſon ardante
et feruente dilection les fera en braie amour p⸗
faictz comme bniz et conioinctz en bnmeſmes
corps du quel ieſucriſt eſt chef ꝗ teſte qui eſt la
braie paix et braẏe amour.car tous aimeront
lung lautre comme les membres de leur pro⸗
pre corps.tu aimeras tes aultres côme toẏ meſ
mes et tu ſeras des aultres comme eulx aẏme.
tu ſeras habandône en dilection côme ta braie
et pure poceſſion.et pour tant regarde et con⸗
temple celuẏ par qui toutes ces choſes te bien
dront.car par bne doulce ſuauite tu laẏmeras

plus que toymesmes. Ainsi sera entre les saul/
uez vne telle gcordãce que tu ne sentiras ou a
perceuras aulcune chose qui a ton vouloir soit
contraire. Nous serons tous vnmesmes corps
vnemesme ame espouse de iesucrist. Et plus ni
aura entre nous de discorde/que maintenant a
entre les membres dung corps. Et tout ainsi q̃
tu voiz au mouuemẽt des yeulx que de la part
ou lung se tourne lautre va tantost et lensuit/
ainsi sera de toy car ou ton vouloir sera conuer
ti/le vouloir de tous les aultres sera subitement
a toy prest. Et qui plus grant chose est a reci/
ter/ la voulunte de dieu ne sera de rien diuerse
ne a la tienne contraire. mais tout ainsi q̃ voul
dras il vouldra q̃ sa voulunte sera la tienne fer
mee. Car iames la teste ne contrediroit aulx
membres. Considere doncques quant tu auras
dieu et tous aultres a ta voulunte concordez q̃
vniz/tu ne pourras chose appeter que a ta vou
lunte ne soit faicte. car tu auras la voulunte
du tout puissant en toutes choses a toy concor
dant. Or doncques puis que de tant de biens a
uras la pocession tu deburas bien estre contẽt
en estimant que tu a lors seras en vie perpetu
elle en asseurance de iames nen partir/q̃ en as
seurance de tous aduersaires. Car nul enne/
mi le grant bien inestimable ne peult penetrer

ne attaindre pour la multitude de ceulx qui en
ont la pocession/qui sont oultre mille miliers
et dix foiz oultre mille cens de miliers innom-
brables qui to⁹ fruiſſent et iouyſſent dunemeſ
me beatitude par telle condition que chacun
prent delectation au tant au bien daultruy cō
me au ſien. En oultre ilz ſeſiouyſſent de la bi-
ſion de dieu le quel ſur eulx ilz aimeront/et le
quel plus que eulx meſmes les aimera. Pour
leſquelles choſes eſt a conſiderer puis que ain
ſi eſt que les beneurez ſeront de telle felicite rē
pliz en gloire. les pouures miſerables pecheurs
dampnez ſeront par oppoſite tourmentez. Car
tout ainſi que miſericorde. force. beaulte. beloci
te. franchiſe. ſante. bolupte. fera les iuſtes ioy-
eulx/ ainſi par contraire ſeront les pecheurs p
puanteur. tardiuete. ibelicite. fremeur. langue²
et douleur triſtes et tourmentez. car la ioye ppe
tuelle q̄ les iuſtes aurōt/ſera au pech² intermĩa
ble paiue. par la q̄lle ſeront tourmētez. Et po²
parler de la ſapience des iuſtes/tu doibz ſauoir
que tout ainſi que ce quilz ſaurōt ſera en leur
honneur ioye exaltation et augmentation/ain
ſi ſera aulx pecherrs leur ſauoir en pleurs con
fuſion diminution et lamentation. Et de lami-
tie de la quelle les iuſtes ſont enſemble lyee ſe

aulcune porcion es dampnez en est trouuee. el
le sera en augmentation de leur tourment, car
de tant que plus auront lun lautre aime/de tât
en leurs paines et tourmens plus se deuldront
car ilz auront discorde a toute creature/et tou=
te creature discordera auecques eulx. car toute
îpuissance toute difformite ꝗ toute calamite les
ensuiura. Et leur sera telle malediction dônee ꝗ
de chose quilz appetent ilz ne pourront iouyr
et de toutes les choses ꝗlz auront ilz ne voul=
dront point. Et ainsi pour lonneur des bons
ilz obtiendront perpetuel opprobre et inesti=
mable vitupere/par le quel ilz seront sans fin
enclos priuez et deboutez de tonte ioye et felici
te. Et tout ainsi que les amis de dieu seront as=
seurez et fermes de non iamais perdre les biés
de la gloire eternelle/ainsi les miserables dam
pnez pecheurs du tout soy desespereront/pour
tant ꝗ ilz sauront et cognoistrôt que iames ilz
ne peuent pdre leur dolente calamite/leur tour
mêt et paine perdurable. Et par ainsi pour la
recompêce des bons et leur ioie les mauluais a
urôt pour heritaige tristesse inestimable. Car
côme dit le bon docteur ãselme/tous ceulx ꝗ po²
la concupiscence de la chair passent leurs iours
en ce monde/ilz ont et acompaignent auecãs
eulx tous les diables denfer. Et mon seigneur

sainct auguſtin dit a ce propos. Dieu letifiera
conſolera et eſiouÿra tous les ſens des benoitz
et beatifiez/par vne delectation ſpirituelle.
Car ceſt celuÿ ſeul et propre obiect de tous ſẽs
Oloſtre ſeigneur ſera doncques a lors mirouer
a la veue harpe a louÿe/baſme au ſentir et fle²
au toucher/car pour tant eſt il faict homme af
fin que lomme toutalement beatifiaſt en ſoÿ/
ainſi que le ſens interiore eſt la ꝯteplation de
lumanite. Et pour briefuement parler ſelon
ſainct auguſtin et ſainct gregoire. En la gloire
des sieulx ÿa tant grant beaulte de iuſtice/tãt
de ioÿe. tant de lumiere eternel que ſi il eſtoit
licite et poſſible que lõme nÿ peult demourer
ou viure ǫ̃ par leſpace de vng ſeul iour tous
les delices laffluence et habundance des biens
temporelz de ceſte vie mortelle ſeroient a deſp
ſer quant au regard de celuÿ iour eternel. Et
pour tant neſt il pas en vain eſcript. Meilleur
eſt vng iour en tes ſieges que mille. Qui peut
pencer comme dit ſainct bernard enceſte vie
mortelle combien grande eſt la felicite de ſaictз
de veoir dieu. viure auec dieu. eſtre aime du di
eu qui eſt par tout et en toutes choſes. Et au
quel eſt ſouuerain bien. ou eſt ſouueraine feli
cite ſouueraine iocũdite vraie liberalite ꝑfaicte

charite affeurance et fociete eternelle. de quoŷ
dit fainct auguftin. O quelle ioŷe fus ioŷe eft
la creature beneuree beoir dieu qui la faict qui
la faulue qui la glozefie. Beoir la face de fon
dieu qui eft fouuerain bien ioie des anges et de
tous les faincts. Neft pas ainfi que dit mõ fei/
gne² fainct gregoire dieu de beaulte tãt ineftia
ble que les anges qui fept foiz bainquent ⁊ ex
cedent le foleil par leur beaulte defirent icef
fanment regarder fa face. Jté dit mon feigne²
fainct auguftin. En la gloire eternelle ne pour
ꝛa fourdze aulcune malice nulle mifere de la
chair nulle boulunte de pecher ne puiffance de
delinquer. mais toute ioie toute lieffe pocederõt
les hommes aux anges affociez. O mon ame
tu as ia ouŷ que grandes font les ioies des iu/
ftes grande liefce quelle grande henite et iocũ
dite il ŷa en celle faincte fupnelle cite. O eureu
fe iocundite. O ioieufe felicite beoir et acompai
gner les faincts et auoir dieu auecq̃s foi ꝑdu
rablemēt. Helas fi par chacũ iour nous cõue//
noit porter les tourmēs et long temps la paie
dẽfer endurer affin q̃ peuffion iefucrift beoir
en fa gloire ⁊ a fes faincts eftre affocie. ne deb/
urion no⁹ pas bien fouffrir toute detreffe pour
eftre de fi grant gloire ꝑticipans. Et pour tãt
mon ame troublee demãdon la departie des de

fixs terriens mectõ hors de noftre cueur toutes
illicites cogitations et retournon a la cite cele
lefte en la qlle nous fommes efcrips et citaïes
decretez. Faifon doncqs ainfi q citaïes des faïcts
et de dieu domeftiqs ainfi que hors de dieu et de
iefucrift enfemble affin q a luy toft puiffons
paruenir. Et fi nous demandõs cõment efcoute
Cefte chofe eft mife a la boulunte du faifant.
car le roiaulme des cieulx feuffre force et le ra
uiffent les violens. Il ne quiert ne demãde au
tre pris q toymefmes. Donne toy doncqs a lui
et tu le pocederas. iefucrift fe bailla lui pour le
pris du peuple affin q le reaulme acqueift a di
eu le pere dõue toi a lui affin q fon roiaulme
foit en toy/et que peche ne regne poït en ton cu
eur ne en ton mortel corps/mais fai en toy re
gner lefperit en acquifition de bie. O ame pe
chereffe et miferable fe les chofs que ie tay deuãt
dictes des ioies et excellæces defquell les faïcts
et efleuz de dieu eternellemæt iouyront ne te ef
meuuæt a defuir moiennãt la grace de dieu le
reaulme celefte p penitæce et euprues btueufes/
crain et redoubte et en craignãt cõfidere les mi
ferables conditions et paines denfer qui eft la
cite du diable. Affin que par paour et crain //
te tu te refourdes et conuertiffes a dieu ton

seigneur de tout ton cueur. Tu doibs sauoir q̃
ainsi que les pechez des dampnez sont diuers
tout ainsi sera en eulx la paine diuerse.   Car
sainct gregoire dit que en enfer debuons croire
estre vng feu le quel ne brusle ne tourmente
pas les pecheurs tout en vne maniere. car vn
chacun a par soy̧ telle et aussi grande sentira
la paine comme aura este la coulpe/ ainsi que
dung mesme feu en diuerses manieres et aul //
trement est brusflee la paille aultrement le bois
et aultrement le fer. Le feu qui est en enfer est
tellement enflame et de la ire du iuge embrase
que iames de nul aultre embrasemēt na besoig
Du quel dit iob. Le feu les deuorera qui iames
ne destaindra. De la crudelite de celuy̧ feu dit
sainct sebastien/que le feu sensible en ce monde
est aiusi semblable au feu denfer/comme le feu
de ce monde est semblable au feu painct en la
paroy̧. Et y̧sidore dit. En ēfer aura vne chose de
lumiere obscure par la q̃lle les dampnez pour //
ront voir affin q̃ ilz se deulent ⁊ nõ pas que ilz
sen esiouy̧ssent. Et certainemēt celx q̃ les mau
uais desordõnemēt ay̧ment en ce mõde/ilz les
verrõt auec eulx aux tourmēs affin q̃ par la cõ
dition dune ppre paine le² charnelle cognatiõ
soit deuãtleurs y̧eulx mise et dãpnee p sembla
ble vēngēce. Ici endroit peut estre demadee vne

question.cestaffauoir se les dampnez soient la
gloire des iustes.Et la qlle question respont s.
gregoire en homelie du riche. Il est a croire q̃
deuãt la retributiõ du derrain iugement les dã
pnez serront aulesus iustes en gloire et repos.
de la quelle bission et po² le bien quilz berrõt a?
uecques leur paine seront tourmẽtez/ mais les
iustes tousiours berrõt les mauluais aux tour
mens affin q̃ decelle bission croisse leur ioie/car
ilz regardent le mal q̃ misericordieusement ilz
ont euade et fuy.et de tãt plus grãs graces rẽ
dẽt ilz a dieu leur createur/car ilz soient le dã
ger et paine misable en la quelle ilz debuoiẽt
estre mis se de dieu eussent este delaissez. Et en
bng aultre lieu dit iceluy sainct gregoire. La
paine aperte des dãpnez ne frustrera point la
beatitude des iustes/car les saincts adoncq̃s na
uront poit de compassion de leur misere/et ne
pourra la bisiõ de la paine des dãpnez minuer
ne amenuiser la ioie des saulnez.Et si enla na
ture de leur bõte ont misicorde/ilz sont tant a
lors dieu gioicts e p telle rectitude q̃lz ne peuẽt
estre esmeuz de la cõpassion des mauluais. Et
a ce propos dit pspere q̃ la misere de la fame des
ẽfans des parens ne pourra contrister les saictz
Les dãpnez doncq̃s berrõt les saulnes en gloi
g.b.

re deuãt le iour dn iugement non pas en telle
maniere quilzpuiſſent ſauoir ne cognoiſtre ql
le eſt leur gloire mais ſeulemẽt les cognoiſtrõt
eſtre en vne ineſtimable gloire/poun la quelle
choſe ſeront par ẽuie tourmentez eulx condolẽs
de la felicite des iuſtes. de la qlle ilz ſont priz
uez ne ia pour telle viſion non ſera leur paine
mendre/mais augmentee/car ilz auront en leʒ
memoire la gloire des ſauluez quilz ont au iu
gement ou deuãt veue. qui ſera tourmẽt cruel.
Et leur oultre plus ſont tourmentez de ce qlz
ſe verront eſtre reputes idignes de veoir la gloi
re q̃ voient les ſaincts. Aulcuns demandẽt vne
aultre q̃ſtion.Ceſtaſſauoir ſe les dãpnez voiẽt
les choſes qui en ce monde ſont ſaictes. Al quoʒ
reſpont ſainct gregoire au ſecond liure des cho
ſes morallee traictant ſemblablemẽt celle choſe
en iob. ix° chapi.De nobles ou non nobles ont
eſte les enfans diceulx ilz ne lentendrõt point
ſe ceulx qui ſont encoze vhlãs ne ſceiuent en
ql lieu ſont les ames.des moze auſſi ne ſcaiuẽt
les moze côme celx qui ſont aps en vie demou
rez ſe diſpoſent.car la vie de leſperit eſt loing
de la cibur. Et au regard des ames des ſaictz il
eſt aſſauoir q̃ puis que dedens voient la clarte
du tout puiſſant il neſt pas a czoire que dehoze
puiſſe eſtre aulcune choſe qlz puiſſent ignozer.

Les bons boient doncques les choses qui dehors
sont/et non pas les maulnais. Et se,tu boloies
dire que plus ya de distance entre les sauluez
et les dãpnez.que entre les dampnez et les cho
ses qui au monde se font.et q̃ par ceste raison se
les dãpnez ne boient les choses qui au mõde se
font.par pl⁹ forte raison ne peũt beoir la gloi
re des sauluez.A quoi ie te respons q̃ les choses
de ce monde ne tourmenteroiẽt pas tãt les dam
nez en enfer se ilz les beoient/cõme les tourmẽ
te le regard & la bision de la gloire des saincts
Et pour tant nest point permis aux dãpnez de
beoir les choses qui en ce monde se font.mais leʳ
est permis beoir et leur sont demõstrez les choʃ
qui leur tourmẽt et paine peuent augmẽter cõ
bien que par culx ne le peuent beoir.   Item
on peut demander se les dampnez bouldroient
tous les aultres estre en Efer.A quoy̨ ie respon
que tout en telle maniere q̃ au roialume de pa
radis entre les saincts aura tresparfaicte chari⁄
te & dilection/tout ainsi par contraire entre les
dampnez en enfer aura haine et discord tresp⁄
faict.Car cõme les saincts sesiouyront de to⁹ bi
ens/les poures dampnez misables de tous bi⁄
ens se deuldront et grandement les tourmente
ra la consideration de la felicite des saincts par
quoy̨ ilz bouldroient tous les sauluez estre dã

pnez en enfer. car si grande enuie regnera en
eulx que de la gloire de leurs plus prouchains
amis ilz auront enuie. Non pour tant nous
trouuons quilz nont pas tant denuie de la da̅
pnation de leurs parens que des aultres car se
leur est plus grant paine si tous leurs prou=
chains estoient saulues ⁊ les aultres tous dam
pnez que lung de leurs prouchains saulue. Et
de ce auons exemple du maluais riche le quel
requist et demanda ses freres estre gardez de be
nir auecques luy en da̅pnation et en cela mo̅
stroit il que il cognoissoit aulcune pouoir es/
chaper de dampnation. Mais entre les aultres
il vouloit et desiroit ses freres estre saulues po̅
les causes dictes cestassauoir que il cognoissoit
sa paie pour le̅ da̅pnation croistre. Et saiches
que non obstant ce que pour la multitude des
da̅pnez leur paine en acroisse no̅ obstant croist
incessaument entre eulx telle enuie ⁊ telle haine
que plus desirent et aime̅t estre en enfer tours
me̅tez auecques plus̅s ensemble q̅ en la co̅pai
gnie dung seul. Ite̅ lon peut enq̅rir et dema̅der
se les mors ⁊ pricipaleme̅t les da̅pnez se recorde
ro̅t des chos̅ quilz auro̅t seues faictes ou exer
cees en ce mo̅de. A la q̅lle chose ie di q̅ aux da̅
pnez sera vne g̅sideration des choses q̅lz auro̅t
sceu aisi q̅ cause materielle de tristesse ⁊ no̅ pas

comme cauſe de delectation. certainement ilz
côſidereront les maulx q̃lz ont faictz et perpe/
trez par leſquelz ilz ſont dampnez et les biens
q̃lz ont perduz par quoy dune part et daultre
ſeront tourmentez oultre ſeschoſes ſaiches q̃ en
enfer ſera. double paine ceſtaſſauoir paie de dã
et paine de ſens leſquelles touche noſtre ſeigneʳ
ieſucriſt ainſi q̃ ſainct mathieu le recite en ſon
viie cha.ou il eſt dit.Tout arbre q̃ ne porte fru
ict ſera couppe et mis.et ẽuoie au feu.De la pai
ne de ſens q̃ peut eſtre en pluſeurs ptiesdiuiſee
dit ſainct gregoire ſus ce pas en ſaict mathieu
viiie cha. Ilz ſont iectez en tenebres exteriores
ceſt a dire en enfer ou ſera froit inſupable feu
inextingible ver et ſerpent imortel/feteur intol
lerable/tenebres palpables/flagellemẽs de toʳ
menteurs/horrible viſion de diables confuſion
de pechez et deſeſpoir de tous biens.et par ain
ſi les dãpnez ſeront plains de toute douleur et
triſteſſe/car ilz auront pleurs et lermes aulx
yeulx/ſtricture entre les dens.puãteur aux na
rines.gemiſſemẽt en la boix.terreur et eſpuan/
teur aux oreilles liens aux mains et aux piez.
feu et ardeur en tous leurs membres. De quoy
il eſt dit. Enfer eſt vne foſſe mortifere plaie de
douleurs et de miſes. Car ainſi q̃l eſt eſcript en
yſaye.xiiie cha. vnchacũ ſera de ſon prouchain

esbahi et merueille/et sera leur viaire cõme fa
ce brusslee. Et en baruch. iie. cha. est dit de la fu
mee seront leurs faces noires car ainsi est esc'pt
en ioel. iie. cha. La semblãce et figure des peche's
sera semblable a vng vil et vieil vaisseau. Ite
on peut considerer la crudelite des paines ifer
nales par le pleur et estraincture des dens par
le desir de la mort par menger sa langue et bla
pheme du createur/et par pluseurs aultres sig
nes qui sont aux dãpnez apercenz aĩsi quil est
en pluseurs escpiptures recite. Et pour tãt est
il dit en lapocalipse. Ilz ont par grant doule'
menge leurs langues et ont blapheme dieu du
ciel pour la grant douleur de leurs plaies. Si
grant douleur et si grande paine seuffrerõt les
pecheurs que la vie q tous appetent ilz desprise
ront/et la mort que tous veulent fuir par vng
ardant desir conuertirõt en iceulx iours les hõ
mes querront la mort et ne la trouueront poit
ilz desireront mourir. et la mort les fuira. Et
crisostome dit. que pourrons no9 adonc dire ne
respondre. car en ce lieu ny aura que pleurs v
lement et cruelle penitence. car lors cesseront ai
des et secours et de toutes pars viendront pai
nes sans vng tout seul soulas. En ce lieu ne vi
endra deuant nos peulx fors seulement les ad
ministratenrs des paines et tourmens et les fa

ces des bourreaulx infernaulx. et qui est pire en
ce lieu seulement ni aura en lair quelque petit
soulas de lumiere. Considere donc quelle tre‑
meur quelle reuolution dentrailles et des mē‑
bres combien grans et quelz tourmens sont a
tous les sens appareilles. car tant sont grans et
detestables que sermon tant soit long ne sa‑
uroit expliquer. De la paine du dampne dit cri‑
sostome en ceste maniere. Aulcuns fouls et de
leurs sens abusez cuideront et penceront aps
ceste vie mortelle estre assez chose suffisante a
leur gloire si sont priuez et exens tant seule‑
ment du feu denfer/mais quant a moy, ie repu
te et dy estre pluseurs tourmens plus griefs et
pesans que la paine denfer. Cestassauoir estre
ostie separe et exclus de la grace de tous biens
qui sout aux saincts appareillez. certes ie tien
que plus est griefue la paine et intollerable le
tourment destre de la iocundite de gloire cel e‑
stielle deboute estre en haine de dieu et ouyr sa
rigozeuse parolle lors qui dira/ ie ne vous co‑
ynoys point/ que ne scauoit dix mille foiz la
fouldre eternelle souffrir/ car plus grant dou‑
leur ne peut estre a creature humaine q̃ de veoir
le dieu de toute pitie plain estre son aduersaire
et estre des glorieux yeulx de tranquilite diui‑
ne regarde en indignation. O tresbening filz de

dieu plaise a ta saincte misericozde que ce tour
ment cruel et intollerable ne puissons experi-
menter. O pouures pecheurs côme dit crisostome. Douleur soit a nous qui ne pencons a nos
mauldicts et detestables pechez/ mais sommes
amsi que asseurez en tous maulx prompts a pe
che commectre/et negligens au salut de nostre
ame procurer. Mais tonchant ceste matiere au
cun pourra dire que dieu nest pas iuste/en tât
que pour vn seul peche moztel le quel cômect
lomme en vne briefue espace il est condempne
a pugnitiô eternelle. Mon seigneur sainct gre
goire faict celle propre question/et luymesmes en
dône solution. la question est telle. Côment peut
il estre iuste q la coulpe pour certaie q briefue si
pptree/doibue estre sans fin eternellement pu-
gni:. A la qlle question mondit seigneur sainct
gregoire donne telle solution. Iustement et
dzoictement seroit la question mieue se ainsi es
toit que le dieu tout puissant ne pensast point
les intencions des cueurs/ mais tant seulemêt
les parolles. Certainement les pecheurs sans
fin pecheroient se sans fin ilz vinoient/ car ilz
sont tant enclins a mal/que sil estoit a leur pu
issance de tousiours viure tousio's pecher voul
dzoient. Et bien monstrent que tousiours
pecher desirent quant iamais ne se departent

de peche. Pour tant apartient bien a la iustice
du grant iuge de ceulx iuger apres la mort ne
estre iamais sans païne et tourment/qui en la
vie mortelle ne furent oncques sans peche et
que au pecheur ne soit donne nul terme de vē
gence q̃ ne voulut oncq̃s auoir terme ne fin de
peche .Vne aultre raison peut estre assignee.
Pour quoy peche mortel oblige comme a pai
ne perpetuelle.La q̃lle raison peut estre prinse
et sondee quant au regard de celui encontre le
quel le peche est commis ou perpetre cestassa
uoir dieu qui est de souueraine bōte et puissan
ce infinie.Car ainsi que dit aristote au. vij̊.de
etiques.De tant que plus est grant celui a qui
on faict offence/de tant plus grande punition
est digne le peche². Et crisostome dit.Telle est
liniure comme celui a qui elle est faicte. car se
iniure petite est faicte a vne grant personne/
la faulte est reputee grande.et se elle est faicte
a vne petite personne/elle est petite reputee.

Pour lesquelles choses ie te pri cher amy re
garde et considere le chemin a ton ame salu
taire et la voye qui te peut mener a dampna
tion eternelle.   Considere/ton salut et ton
dampnement/ et de deulx chemins pren pour
toy le meilleur. Helas pourre pecheur que te
fault il mieulx en ce p̃sent monde po² tesepeclez

pleurer et gemir en penitence/ ou de languir a
pres ta mort en paine et douleur eternelle. He
las en ce present monde par lermes et peniten
ce tu pourras desseruir enuers dieu grace par/
don et misericorde pleure doncques mon amy
en ce monde vne briefue espace de temps affin
que au siecle des siecles tu ne soies contrainct
a gemir et pleurer perpetuellement. Pren en
ce monde humilite affin que en lautre ne soy/
es humilie en tenebres obscures et parfondes/
et enuoie et mis en feu ardant inextingible.
Benoist soit celuy qui en ce monde se haste de
faire. euures par lesquelles il puisse estre di
gne de soy trouuer au iour du grant iugemēt.
Et miserable soit celuy qui pour commectre pe
che se constitue et establist indigne de la gloi
re de dieu le tout puissant/car a celle heure se
ra le ciel ouuert pour receuoir les saincts en
eternelle gloire. et daultre part seront les dia/
bles rauissans les pechz̄ et les liurās au four
neau de feu eternel. Helas helas mes amis qui
donnera a ma teste eaue sans mesure/et a mes
yeulx fontaine de lermes decourant continu/
ellemēt affin que moymesmes ie pleure de io
et de nuit en priant mon dieu mon createur q̄
ie ne puisse estre trouue indigne a laduenemēt
de celuy souuerā iuge et que ie ne puisse ouyr

celle horrible et doubtable sentence. Departez
bous de moy, operateurs de iniquite ie ne scay
qui bous estes. De la quelle sentence nous beil
le pseruer et deffendre nostre seigneur iesucrist
qui bit et regne eternellement sus le siecle des
siecles.   AMEN.

Cy finist le traictie nõme le mirouer
dor de lame pecheresse moult btile et
proufitable Imprime par Robin
Foucquet et Jehan Cres. Le bi iour
de Mars. Lan mil iiiic iiii bingts et
quatre.   Deo Gracias.

          Robin Foucquet